PRAKTISCHE ANLEITUNG ZUM GEBET

PRAKTISCHE ANLEITUNG ZUM GEBET

David Pawson

Anchor

Copyright © 2023 David Pawson Ministry CIO

David Pawson ist gemäß dem Copyright, Designs and Patents Act 1988 der Urheber dieses Werkes

Alle Rechte vorbehalten

Erstmals veröffentlicht in Großbritannien von Anchor, ein Handelsname von David Publishing Ltd. Synegis House, 21 Crockhamwell Road, Woodley, Reading RG5 3LE

Dieses Werk ist urheberrechtlich geschützt. Ohne vorherige schriftliche Genehmigung des Verlages darf kein Teil dieses Buches in irgendeiner Form vervielfältigt oder weitergegeben werden. Das betrifft auch die elektronische oder mechanische Vervielfältigung und Weitergabe, einschließlich Fotokopien, Aufzeichnungen und Systemen zur Informations- und Datenspeicherung und deren Wiedergewinnung.

Weitere Titel von David Pawson, einschließlich DVDs und CDs:
www.davidpawson.com

Freie Downloads aus dem Internet:
www.davidpawson.org

Weitere Informationen: email an info@davidpawsonministry.com

ISBN 978-1-913472-74-0

Druck: Ingram Spark

Inhalt

	VORWORT	7
1	ZUM VATER beten	9
2	DURCH DEN SOHN beten	43
3	IM GEIST beten	65
4	GEGEN DEN TEUFEL beten	87
5	MIT DEN HEILIGEN beten	111
6	ALLEIN beten	137
7	FÜR ANDERE beten	157
8	BETEN OHNE HINDERNISSE	175

VORWORT

Dieses Buch basiert auf einer Vortragsreihe. Da mein Schreibstil in diesem Fall vom gesprochenen Wort herkommt, werden viele Leser feststellen, dass er sich von der Art und Weise, wie ich sonst schreibe, unterscheidet. Ich hoffe, dass sich niemand dadurch von den inhaltlichen Aussagen der dargelegten biblischen Lehre ablenken lässt.

Wie immer bitte ich meine Leser, alles, was ich sage oder schreibe, mit dem zu vergleichen, was in der Bibel geschrieben steht und, falls sich an irgendeiner Stelle ein Widerspruch ergibt, sich immer auf die klare Lehre der Heiligen Schrift zu stützen.

David Pawson

Kapitel 1

ZUM VATER BETEN

Ich habe die Nase voll von denjenigen, die uns sagen, wir seien nur Tiere. Kein Wunder, dass sich manche Menschen so benehmen, als lebten sie im Urwald, wenn man es ihnen so oft sagt. Vielleicht erinnern Sie sich noch daran, dass Zoologe Desmond Morris in seinen Büchern *The Naked Ape* und *The Human Zoo* versuchte, tierische Gefühle und Verhaltensweisen beim Menschen zu erkennen. In seinen letzten Lebensjahren tat Johnny Morris, ebenfalls Zoologe und Fernsehmoderator, auf etwas subtilere Weise dasselbe, indem er versuchte, menschliche Gefühle und Gedanken bei Tieren nachzuweisen. Beide rückten die Tierwelt und die Menschenwelt viel zu nah zueinander, denn die Bibel macht deutlich, dass wir keine Tiere sind. Wir atmen vielleicht dieselbe Luft, haben ein ähnliches Verdauungssystem, aber wir sind unterschiedlich. Wenn Sie einem Menschen sagen, er sei ein Tier, dann müssen Sie damit rechnen, dass er sich auch so benimmt. Aber ich halte das für eine Beleidigung für die Tierwelt; denn innerhalb der menschlichen Rasse gehen wir barbarischer miteinander um als Tiere es je könnten. Wir können so tief sinken wie es keinem Tier möglich ist, und uns in solche Höhen aufschwingen, wie es kein Tier je schaffen kann.

Philosophen diskutieren schon seit langem darüber, wie sich Mensch und Tier unterscheiden. Manche behaupten, dass nur der Mensch Werkzeuge anfertige, aber als eine junge Frau bei einer Schimpansenkolonie in Afrika lebte – übrigens eine Christin, die eine Bibel dabeihatte – entdeckte sie, dass auch die Schimpansen Werkzeuge herstellten, also verschwand diese Unterscheidung aus den Anthropologiebüchern. Andere sagen: „Nun, die Menschen lachen." Eine Hyäne tut das irgendwie auch, aber ich glaube nicht, dass das der Unterschied ist. Wieder andere meinen: „Die Menschen reden miteinander." Aber mittlerweile finden wir immer mehr über die Kommunikation von Tieren heraus, und sogar wie Fische miteinander kommunizieren. Manche haben schon behauptet, die Einzigartigkeit des Menschen bestehe in der Tatsache, dass er kocht, und natürlich stimmt es, dass die Tiere das Feuer bisher weder entdeckt haben noch es nutzen können. Aber ich glaube, dass der grundlegende Unterschied zwischen allen Tieren dieser Welt und mir als Autor darin besteht, dass der Mensch betet. Nicht einmal Snoopy nimmt je Kontakt zu überirdischen Mächten auf! Charlie Brown und Lucy sitzen manchmal da und stellen sich Fragen über die Sterne, aber Snoopy tut das nie. Und auch wenn viele menschliche Gedanken und Gefühle in den Verstand und das Herz dieses Hundes gelegt wurden, wagte sein Zeichner Charles Schulz, der ein paar Jahre Sonntagsschullehrer gewesen war und leider zum Agnostiker wurde, – was sich in seinen „Peanuts"-Zeichnungen widerspiegelte –, nie, religiöse Gedanken in Snoopys Verstand zu legen. Das wäre einfach zu grotesk gewesen um noch glaubhaft zu sein. Ich kann mit meiner Hündin über diese Welt sprechen. Ich kann über Spaziergänge und Knochen und übers Scharren mit ihr sprechen und sie versteht mich, aber ich kann mit meiner Hündin nicht beten. Sie hat noch nie irgendein Anzeichen dafür gezeigt, dass sie das gerne tun würde!

Beten, diese einzigartige Handlung der menschlichen Rasse, gab es von Anfang an. Wie weit wir auch in der Menschheitsgeschichte zurückgehen, werden wir immer feststellen, dass selbst in frühester Zeit die einfachsten, primitivsten menschlichen Wesen an eine große Macht, einen großen Gott glaubten, der über dem Himmel wohnt und mit dem man sprechen kann. Als ich einmal in Neuseeland war, beeindruckte mich der Spiritismus, den es unter den Maori immer noch gibt, sehr. Schauer liefen mir über den Rücken. Ich war gekränkt, als die neuseeländische Airline mir ein grünes Götterfigürchen aus Plastik (ein Tikki) in die Hand drückte, weil ich in unserem Technologiezeitalter solch einen „Glücksbringer" überreicht bekam, als ich dorthin flog. Es tut mir leid und es ist jetzt wirklich nicht meine Absicht, Ihr Land zu beleidigen, wenn Sie ein Maori sind, wir tun dasselbe hier ja auch. Die Maori haben Götter des Himmels, des Meeres, der Flüsse und der Berge. Aber ich war fasziniert zu lesen, dass sie ursprünglich, als sie vor tausend Jahren nach Neuseeland kamen, nur an einen einzigen Gott geglaubt hatten, und dass er der Gott war, der über dem Himmel lebte und den Namen Jah trug, was der erste Teil des Wortes Jahwe ist, des Namens Gottes.

Dasselbe kann man auch unter den Aborigines Australiens finden. Es gilt ebenso für die Pygmäen. Anthropologen haben entdeckt, dass die Anbetung von irdischen Dingen erst später entstand und eine Verfälschung der frühen Erkenntnis des Menschen sind, dass es nur einen Gott über dem Himmel gab – eine Macht jenseits der Sterne, mit der man in Kontakt treten und mit der man reden konnte.

In allen Zeitaltern haben die Menschen also gebetet. Es geschieht fast instinktiv. Ich nehme an, dass die meisten Menschen – zumindest in diesem Land, und ich kann sicherlich auch behaupten, auf der ganzen Welt – irgendwann einmal beten. Sie wissen, dass die menschliche Rasse unfähig ist, ihre eigenen Probleme zu lösen. Sie wenden sich auf vage und nebulöse Weise an Gott und beten.

Wir beten also, und es geschieht instinktiv. Ich will aber über das christliche Gebet schreiben, das nicht instinktiv, sondern distinktiv ist. Für einen Christen bedeutet Beten etwas anderes als für einen tibetischen Mönch, der an seiner Gebetsmühle dreht, oder für einen Muslimen, der seinen Gebetsteppich Richtung Mekka ausrollt. Es gibt grundlegende Unterschiede beim Beten und das christliche Gebet ist etwas Einzigartiges. Der Rest geschieht instinktiv und findet sich über die gesamte Menschheit verteilt in vielerlei Formen wieder. Das christliche

PRAKTISCHE ANLEITUNG ZUM GEBET

Gebet aber ist distinktiv und ich möchte Ihnen jetzt erklären, was damit gemeint ist.

Zunächst einmal ist für viele Menschen auf der Welt Beten etwas Privates. Für einen Christen kann das Gebet aber niemals Privatsache sein. In gewisser Hinsicht kann ein Christ nie allein beten! Wenn man dies mit dem Islam vergleicht (der seine Lehre auch in unserem Land zu verbreiten sucht), stellt man fest, dass man in dieser Glaubensrichtung allein beten kann. Muslime glauben, dass Mohammed Allahs Prophet ist, aber man braucht nicht einmal Mohammed – ein Muslim kann für sich allein zu Allah beten. Ein Christ kann das nicht. Das Minimum für einen Christen sind vier anwesende Personen, und nur selten kann man ohne dieses absolute Minimum beten. Das Minimum, das aus vier Personen besteht, sind Sie, der Vater, der Sohn und der Heilige Geist, denn sonst handelt es sich gar nicht um ein christliches Gebet. Darum müssen es mindestens vier sein, die daran beteiligt sind. Ein Christ ist also beim Beten nie allein.

Darüber hinaus interessiert sich, sobald Sie auf Ihre Knie gehen, auch der Teufel für Ihr Gebet. Das ist einer der Gründe dafür, warum das Gebet oft so ein Kampf ist und uns Probleme bereitet – also sind es jetzt schon fünf! Dann werden Sie auch noch feststellen, dass der Teufel nicht allein kommt. Wenn Sie beten und dabei wirklich bis in die himmlische Welt vordringen, werden Sie feststellen, dass es noch viele andere Kräfte gibt, die sich einmischen. Sie werden nicht gegen Fleisch und Blut zu kämpfen haben, sondern gegen Mächte und Gewalten in der himmlischen Welt. Jener Satz aus dem 6. Kapitel des Epheserbriefes steht im Zusammenhang mit dem Beten. Diese Mächte werden sich also einmischen. Es gibt viele besondere Verheißungen in der Schrift für Christen, die auf Nummer Sicher gehen wollen, und eine davon ist eine Zahl: das Gebet von Zweien oder Dreien, die auf Erden eins werden, um was sie bitten wollen, wird erhört werden.

Es gibt also im christlichen Glauben kein privates Gebet sozusagen unter vier Augen. Das geht in jeder anderen Religion, aber für Christen ist das Gebet nie Privatsache, es ist immer ein ziemlich öffentliches Ereignis. Damit geraten Sie an die Frontlinie; Sie betreten die Arena, sind umringt von einer großen Anzahl Zeugen; Sie kämpfen mit geistlichen Gewalten und Mächten; Sie beten zum Vater durch den Sohn und im Geist. Der Teufel ist Ihnen auf den Fersen und all seine Gefolgsleute stehen hinter ihm. Die Engel interessieren sich auch dafür, wenn ein Sünder Buße tut, und damit ist Beten eine äußerst öffentliche Angelegenheit.

In diesem Buch werde ich Ihnen einige praktische Tipps mitgeben, die Ihnen helfen sollen. Haben Sie schon einmal bemerkt, dass Jesus über das „private" Gebet Folgendes lehrte: „Geh in ein Kämmerlein, schließe die Tür hinter dir zu und fange an zu beten:

‚UNSER Vater ...'." Und nicht „mein Vater" – er war der Einzige, der diese Anrede benutzte. Wenn Sie allein beten, sollen Sie die Tür hinter sich zu machen und darum bitten, dass er uns unser tägliches Brot gibt. Er sagte damit so deutlich wie möglich, dass es so etwas wie ein privates Gebet nicht gibt. Es ist immer öffentlich, wir sind immer Teil einer Familie, immer Teil einer Gruppe von Menschen. Schließlich ist es so, dass, was immer Sie gerade brauchen, auch andere in Gottes Familie gerade benötigen. Sie können für deren Nöte gleich mitbeten. Aus diesem Grund habe ich auch schon bei einer Reihe von Trauerfeiern, die ich hielt, im Eingangsgebet so gebetet – und die Trauernden dazu aufgefordert mit mir zu beten – und dabei erwähnt, dass in diesem Moment auch andere Trauerfeiern stattfinden und es noch andere Menschen gibt, die gerade trauern, denn bei einer Beerdigung geschieht es leicht, dass man sich nur noch mit der eigenen Trauer beschäftigt.

Es gibt aber noch einen weiteren Unterschied. Für viele Menschen auf der Welt bedeutet Gebet Meditation, aber für Christen ist es keine Meditation, sondern Konversation. Ich muss das ausführlich erklären, denn die Vorstellung von „Gebet als Meditation", die von manchen als eine höhere Form des Betens betrachtet wird, hat sich auch in christliche Kreise eingeschlichen. Diese Vorstellung existiert seit Jahrhunderten. Sie kam ursprünglich aus dem fernöstlichen Mystizismus und ist keine biblische Form des Betens. Folgender Gedanke steckt dahinter: Wenn man sich in einem Stadium befindet, in dem man immer noch um Dinge bittet und mit Gott redet, dann entspricht dies einem sehr frühen Stadium des Gebets. Wenn man aber schließlich damit aufhört zu reden und um etwas zu bitten, und man gelernt hat, nur über verschiedene Dinge nachzudenken, dann ist man eine Stufe weitergekommen auf die Ebene der Meditation, und man kann sogar noch weiterkommen – und diejenigen, die transzendentale Meditation betreiben, würden sagen, dass man von dieser Stufe soweit kommen sollte, dass man über nichts mehr nachdenkt, und dann ist man wirklich am Ziel!

Aber es geht hier nicht um eine Form der transzendentalen Meditation. Es gibt einen christlichen Mystizismus, der alles auf den Kopf stellt und behauptet, wenn man mit Gott spricht und ihn um etwas bittet, dass dies eine sehr niedrige Form des Gebets sei. Ich möchte Sie dazu auffordern, das anhand der Bibel zu überprüfen. Lesen Sie sich einmal alles durch, was Jesus über das Gebet gesagt hat, und 95 Prozent davon handelt vom Reden und Bitten – 95 Prozent davon! Für Jesus war Gebet Gespräch und Bitten, nicht Nachdenken. Auch die Meditation hat im Leben eines Christen ihren Platz, denn wir sollen über Gottes Wort nachdenken – aber damit ist nicht gemeint, dass wir an nichts denken und abwarten sollen, was uns in den Sinn kommt, sondern dass wir über Gottes Gesetz Tag und Nacht nachdenken. Es gibt zwar Raum für die Meditation, aber es geht um Meditation mit Inhalt, und das ist nicht Beten. Gebet bedeutet, mit Gott zu reden und ihn um etwas zu bitten. Wenn die Lehren Jesu etwas sind, nach dem wir uns richten wollen, dann ist das die höchste Form des Gebets und nicht die niedrigste.

Wenn Sie außerdem Jesu eigenes Gebetsleben betrachten,

werden Sie feststellen, dass für ihn dasselbe gilt. Schauen Sie sich sein Gebet im Garten Gethsemane an, lesen Sie Johannes 17 durch, denn das ist das vollständigste Gebet Jesu, das wir kennen, und zählen Sie einmal, um wie viele Dinge er bittet. Er meditiert hier nicht, er redet und bittet die ganze Zeit. Das ist also das Herzstück des christlichen Gebets. Auch wenn es noch so einfach klingt, verstehen wir unter Gebet, dass wir mit Gott über unsere Nöte und über seine Anliegen sprechen. Als die Jünger baten: „Herr, lehre uns beten!", gab er ihnen kein Meditationssystem, sondern eine einfache Form aus Worten, die sie laut aussprechen und nicht nur denken sollten. Er sagte nicht: „Wenn ihr betet, dann denkt ...", sondern „Wenn ihr betet, dann sprecht ..." Dann nannte er ihnen sechs Dinge, und bei allen sechs handelte es sich um Bitten. Gott wollte, dass sie für drei Dinge bitten, und er nannte drei weitere Dinge, um die sie für sich selbst bitten sollten, aber es ging dabei ums Sprechen und Bitten, und das ergab ein Gebet. Das ist etwas ganz Wesentliches, und doch so simpel. Ich betone diesen Punkt so, weil selbst Christen sich in der mystischen Meditation verlieren und dann denken, sie hätten eine höhere Stufe des Betens erreicht. Gebet ist etwas Einfaches. Ein Kind sagt seinem Vater, was es braucht. Das ist der eigentliche Kern.

Ich kann sogar noch weiter gehen und sagen, dass ich keinen Beleg in der Schrift dafür finde, davon auszugehen, man würde eine bessere Zeit im Gebet haben, wenn man sich aufs Loben beschränkt und alle Bitten außen vorlässt. Gott mag beides, Beten und Lobpreis, und bewertet nicht eines höher als das andere. Aber manchmal neigen wir vielleicht zu der Ansicht, es gefiele Gott irgendwie besser, wenn wir ihn eine Zeit lang nur loben und preisen, ohne für irgendetwas zu bitten, als wenn wir unsere persönliche „Einkaufsliste" mitbringen – aber er ist doch ein Vater, der froh ist, wenn wir ihm unsere Nöte mitteilen, und Jesus selbst sagte: „Geht und sagt ihm, was ihr braucht!", und das will er dann auch hören.

PRAKTISCHE ANLEITUNG ZUM GEBET

Es gab einmal einen berühmten Violinisten, dessen Sohn ebenfalls Geigespielen lernte, aber nicht von seinem Vater, sondern von einem anderen Violinisten, der aber nicht annähernd so gut spielte wie sein Vater. Einmal kam jemand auf den Vater zu und fragte: „Warum bringst du es ihm nicht bei?" Und der Violinist antwortete: „Weil er mich nie gefragt hat." Er hatte nie gefragt. Jener Vater wartete nur darauf, dass sein Junge ihn fragte: „Bitte, kannst du es mir beibringen?" Das ist es, worauf Gott wartet, auf Menschen, die einfach „bitte" sagen. Sie können ihn dann loben, wenn die Erhörungen kommen. Aber prüfen Sie auch, was unser Herr über das Gebet lehrt, denn es bedeutet zu sprechen und zu bitten.

Hier kommt Tipp Nummer zwei. Es wird Ihnen viel leichter fallen, laut zu beten, wenn Sie „allein" sind. Haben Sie damit zu kämpfen, dass Ihre Gedanken abschweifen? Dann versuchen Sie es mit Worten. Worte können nicht so leicht abschweifen wie Gedanken. Das ist eigentlich ganz selbstverständlich, aber probieren Sie es doch einmal aus. Einer der Gründe dafür, warum viele Christen es so schwierig finden, in einer Gebetsversammlung laut zu beten, ist, dass sie auch im privaten Rahmen nie laut beten. Sie haben sich nie an den Klang ihrer eigenen Stimme gewöhnt. Sie haben also eine doppelte psychische Blockade, die sie überwinden müssen, wenn sie vor anderen beten wollen: Sie sollen in diesem Moment ja nicht nur vor anderen beten, sondern auch vor sich selbst. „Wenn ihr betet", sagte Jesus, „dann geht in ein Kämmerlein, schließt die Tür hinter euch und sprecht ..." Wie einfach! Wie konnten wir das nur übersehen? Trotzdem denkt die Mehrheit der Christen in diesem Land, die ich berate und zu denen ich spreche, dass Beten schwierig sei, und doch hat Jesus gesagt:

„Sprecht: Unser Vater ...". Ich möchte es ganz schlicht halten. Vielleicht denken Sie, ich reite hier auf etwas herum, was ganz selbstverständlich ist, aber ich möchte eine möglichst praktische Hilfestellung geben – und wenn Sie über diesen Punkt schon lange hinweg sind, dann preisen Sie sich glücklich. Ich werde versuchen, Sie irgendwann wieder einzuholen, aber ich möchte an der Stelle anfangen, an der sich die meisten Menschen befinden.

Sobald man über das Beten zu sprechen beginnt, sagen die Leute: „Ich frage mich, ob er auch auf die Schwierigkeiten im Gebet zu sprechen kommt." Ich möchte aber mit den Privilegien des Gebets beginnen. Wenn man mit den Problemen anfängt, dann kann man es gleich vergessen. Meine Frau und ich haben vor unserer Hochzeit bestimmte Bücher gelesen, die sehr hilfreich waren, aber wir kamen an einen Punkt, an dem wir zu viel gelesen hatten. Wir dachten nur noch daran, was alles schief gehen kann! Wir hatten zu viel über Probleme gelesen. Man fängt dann an, sich wegen aller möglichen Probleme Sorgen zu machen, also fingen wir an, über die Privilegien nachzudenken. Ich möchte, dass Sie sich auf die Privilegien konzentrieren, nicht auf die Probleme. Es gibt Probleme und Schwierigkeiten, und ich werde im Laufe der Zeit auf sie zu sprechen kommen, aber wir wollen mit den Privilegien anfangen, denn es ist eine große Ehre, dass wir beten können.

Vor einiger Zeit stand ich mal an der Bordsteinkante einer Londoner Straße, als ein schöner bordeauxroter Rolls Royce nur einen knappen Meter von mir entfernt an der Ampel hielt. Zuerst schaute ich auf das Auto, und dann wollte ich sehen, wer darin saß. Und da, nur einen Meter entfernt von mir, war Ihre Majestät, die Queen! Noch nie war mir etwas so peinlich. Ich wusste nicht, was ich tun sollte. Unsere Blicke trafen sich und ich winkte ihr zu. Sie winkte zurück. Aber eine Panzerglasscheibe befand sich zwischen uns und hielt uns auf Abstand. Dann fuhr sie davon. Stellen wir uns einmal vor, sie hätte die Fensterscheibe heruntergekurbelt und gesagt: „Hallo!", und stellen wir uns vor, sie hätte dann gesagt: „Hier ist meine Visitenkarte. Schauen Sie doch einfach mal bei mir vorbei!", und nehmen wir mal an, sie hätte gesagt: „Hier ist meine Karte, wenn Sie irgendetwas brauchen, dann greifen Sie einfach zum Telefon und melden sich bei mir!"– Nein, so hätte sie nie geredet, nicht wahr? Sie müssen jetzt vielleicht schmunzeln, aber ich kann Ihnen sagen: eine Hotline in den Buckingham-Palast, die Sie jederzeit nutzen können, ist nichts im Vergleich zu dem Privileg des Betens, denn die Queen besitzt nicht einmal ein Millionstel der Ressourcen, die Gott hat. Das ist das Privileg des Betens. Es ist kein Problem. Wir fangen mal damit an: Es gibt eine Hotline. Ich muss manchmal selbst darüber staunen, dass ich einfach meine Augen schließen kann, oder ich kann sie sogar offenlassen, und sagen kann: „Gott"– und schon bin ich verbunden. Selbst wenn er mir nur ein Interview im Leben gestatten würde, wäre das schon ein Privileg, stimmt 's? Nur eines!

Es geht nicht darum, eine bestimmte Technik zu beherrschen, sondern darum, die Gegenwart Gottes zu erfahren. Viele Menschen suchen nach einer bestimmten Gebetsmethode, aber daraus entwickelt sich nur ein Ritual und keine Beziehung. Und ziemlich provokant möchte ich sagen, dass die Bibel nichts zum Thema „Stille Zeit" zu sagen hat, wie wir es gerne nennen. Sie sagt, wir sollen allezeit beten, und nicht, dass wir „Stille Zeit machen" sollen. Darum möchte ich, dass Sie diesen Gedanken mit mir zu Ende denken. Ich möchte, dass Sie sich vorstellen, ich sei ein Ehemann, der zu seiner Frau sagt: „Ich werde dich jeden Mittwoch- und Freitagabend genau um 21:30 Uhr liebhaben, und du bekommst immerhin eine halbe Stunde meiner Zeit ganz für dich allein. Ich werde auch meinen Wecker dafür stellen." Was würden Sie davon halten? Ist das eine Beziehung? Ich glaube, es geht nicht um die Beherrschung einer Technik oder Methode, sondern darum, in Gottes Gegenwart zu leben. Natürlich zitiere ich hier Bruder Lorenz, der die Gegenwart Gottes in seiner Küche praktizierte, sodass es für ihn ganz natürlich war, mit dem himmlischen Vater zu sprechen und ihn um das zu bitten, was er brauchte, während er Töpfe und Pfannen schrubbte.

Gebet ist also ein Privileg und kein Problem, und wenn Sie etwas wirklich wollen, werden Sie einen Weg finden, es zu bekommen. Wenn ein junger Mann sich in einem Gottesdienst umschaut und eine junge Dame entdeckt, die ihm gut gefällt, wird er einen Weg zu ihr finden. Er wird sich irgendetwas ausdenken. Er wird ihr einen Brief schreiben oder nach der Kirche noch ein bisschen im Foyer herumstehen, oder er wird ihr im Februar eine Karte zum Valentinstag schreiben; er wir irgendetwas tun. Die Person ist das, was zählt, nicht der Ort oder sonst etwas. Der Meister ist wichtiger als die Methode.

Für viele ist Beten „Glücksache", aber für Christen ist es Ausdruck des Glaubens. Mit „Glücksache" meine ich, dass viele Menschen ans Beten herangehen als wäre es ein Glücksspiel, als ob Gott so eine Art himmlischer Showmaster mit einer großen Lostrommel wäre. Wir schicken unsere Gebete zu ihm, und er steckt sie alle in eine große Trommel, rührt einmal kräftig durch, zieht dann Name und Adresse und erhört das zugehörige Gebet. Menschen, die viele Gebete zu Gott schicken, bisher aber nur ein oder zwei Mal erhört wurden, denken manchmal, dass es eben Glücksache sei, ob man drankommt oder nicht – vielleicht im gleichen Verhältnis wie bei einer Premium-Losziehung. Falls Sie denken, ich würde spotten, habe ich etwas für Sie, das einmal per Post zu mir ins Haus geflattert kam. Das Papier trug die Überschrift „Gedankengebet" und darunter stand: „Vertraue auf den Herrn von ganzem Herzen und er wird Deinen Weg leuchten lassen." Danach ging es folgendermaßen weiter:

„Dieses Gebet wurde Dir als Glücksbringer zugeschickt. Es kam ursprünglich aus den Niederlanden. (Tut mir leid, Freunde, aber da kam es nun mal her!) Es ist bereits neun Mal rund um die Erde gegangen. Nun ist das Glück zu Dir gekommen. Innerhalb von vier Tagen, nachdem Du diesen Brief erhalten hast, wird das Glück bei Dir sein. Das ist kein Scherz, Du wirst es per Post bekommen. Versende zwanzig Kopien dieses Briefes an Freunde, von denen Du glaubst, dass sie etwas Glück gebrauchen könnten. Bitte schicke ihnen kein Geld. Behalte diesen Brief nicht. Er muss innerhalb von 96 Stunden nach Erhalt weitergeschickt werden.

PRAKTISCHE ANLEITUNG ZUM GEBET

Ein amerikanischer Beamter hat einmal 7.000 $ bekommen, und ein anderer Mann 60.000 $, aber er hat alles wieder verloren, weil er die Kette unterbrochen hat." (Na ja, das ist dann eben Pech!) „Nun kommt die etwas ernstere Seite der Geschichte. General W" (wer immer das ist) „verlor auf den Philippinen sein Leben sechs Tage nachdem er diesen Brief erhalten hatte, aber das Gebet nicht weitergeleitet hatte. Doch nach seinem Tod erhielt er ein Preisgeld von 775.000 $, das er nun leider seinen Erben hinterlassen musste."

Ich brauche Ihnen ja nicht zu sagen, dass Sie solchen unsinnigen Briefen keinerlei Beachtung schenken sollten! „Ich schoss einen Pfeil hoch in die Luft – Wo fiel er hin, das wusst' ich nicht." Der Punkt ist, dass viele Menschen sich so fühlen, wenn sie Gott um etwas bitten. Sie „riskieren" es mal, wollen es einfach mal „probieren", es könnte ja „klappen". Aber für Christen ist Gebet nicht Glücksache – Gebet ist Ausdruck von Glauben. Es ist geprägt von Gewissheit. Es gibt ein Prinzip, das uns davon wegbringt, nur „mal auszuprobieren", ob wir „Glück haben", und das sollten wir uns anschauen – es ist das Prinzip des Glaubens. Es gibt auch noch andere Prinzipien, die an dieser Stelle passend wären, aber ich möchte mich hier erst einmal auf den Glauben konzentrieren. Jesus forderte uns einmal auf: *„Habt Glauben an Gott."* Oder, um Ihnen die griechische Ausdrucksweise ein wenig näher zu bringen: *„Macht weiter damit, Glauben an Gott zu haben."* Es ist keine Angelegenheit, die wir ein für alle Mal am Tag unserer Bekehrung klären könnten. Macht weiter damit, Glauben an Gott zu haben. Das ist die Grundlage fürs Beten, und die muss gelegt sein, damit Gebet mehr sein kann als „Mal-sehen-ob-es-klappt".

Manche denken jetzt vielleicht, ich will darauf hinaus, dass ich auch glauben muss, dass ich empfange, worum ich bitte. Aber dieser Gedanke steht meiner Ansicht nach erst an siebter Stelle, wenn es darum geht, was alles mit diesem Satz „Habt Glauben an Gott" gemeint ist. Es gibt sechs Dinge, die man zuerst glauben muss, bevor man glauben kann, dass man erhört wird.

Hier sind also die sieben Dinge, aus denen der Glaube an Gott besteht, der Gebetserhörungen empfängt.

1. Ich muss glauben, dass Gott ist.
Haben Sie diesen Satz aus Hebräer 11 schon einmal gelesen? Wer zu Gott kommt, muss glauben, dass er existiert. Das ist das erste Merkmal von Glauben, wenn ich im Glauben beten möchte. Ich muss glauben, dass es Gott gibt. Der Atheist sagt, dass es Gott nicht gibt; der Agnostiker weiß es nicht. Der Atheist betet überhaupt nicht; der Agnostiker tut es, wenn er in der Klemme sitzt, aber er weiß nicht, ob sein Gebet erhört wird. Der Christ sagt: „Ich glaube, dass es Gott gibt." Mit sich selbst zu reden ist doch nutzlos. Manche meinen, es sei hilfreich, wenn man jeden Tag eine Zeit lang autosuggestiv meditiert, aber ich habe kein großes Interesse daran, mit mir selbst zu reden. Zum einen höre ich mir nicht gerne beim Reden zu. Es liegt mir einfach nicht, mich mit mir selbst zu unterhalten. Außerdem sind Selbstgespräche ein erster Schritt auf schlüpfrigen Boden, mental gesprochen! Wenn Gebet bedeutet, Selbstgespräche zu führen, dann will ich es lieber nicht tun. Ich muss glauben, dass Gott da ist und dass ich mit ihm sprechen kann. Das ist Schritt eins.

Das erste Problem ist, dass ich mit meiner körperlichen Ausstattung nicht erkennen kann, ob es Gott gibt. Ich habe kein Problem damit, mich mit jemandem zu unterhalten, wenn ich ihn sehen oder seinen Arm anfassen kann, oder wenn ich auch nur riechen kann, dass er da ist. Aber im Gebet sprechen wir mit jemandem, den wir nicht sehen und nicht hören können, weder festhalten noch berühren, den wir nicht riechen oder schmecken können – und darum fühlt es sich ein wenig unwirklich an.

Meine geistigen Fähigkeiten können mir auch nicht sagen, dass es ihn gibt, weil sich selbst die größten Philosophen der Welt uneinig darüber sind, ob es Gott gibt oder nicht. Sie haben jede Unze ihres Verstandes eingesetzt. Sie haben abgeleitet, logisch argumentiert und können mir trotzdem nicht sagen, ob

Gott existiert oder nicht. Also können mir weder meine geistigen noch meine körperlichen Fähigkeiten dabei helfen. Ich bin also zurückgeworfen auf meine geistlichen Fähigkeiten – auf den Glauben. Das ist die einzige Befähigung, die mir sagen kann, dass es ihn gibt. Haben Sie gemerkt, dass ich nicht Gefühl geschrieben habe? Eines der grundlegenden Probleme des Glaubens drückt sich in einem Satz aus, den so viele Menschen schon einmal gesagt haben: „Ich fühle nicht, dass es ihn gibt." Zeigen Sie mir in der Bibel einmal irgendeine Stelle, an der gesagt wird, das müssten wir! Dort steht nur, dass wir den Glauben haben müssen, dass er existiert. Manchmal werden Sie ihn so nah spüren, dass Sie fast meinen, Sie könnten ihn anfassen, aber zu anderen Zeiten ist das nicht so. Der Bibel ist es egal, ob wir Seine Gegenwart spüren oder nicht. Sie stellt die Frage „Glaubst, dass es ihn gibt?" Sie fragt nicht nach dem, was wir fühlen. Dort steht nicht: „Wer beten will, muss spüren, dass er existiert!" Sein Wort genügt, und er hält sich immer an sein Wort. Durch Glauben, ob ich mich nun danach fühle oder nicht, kann ich sagen: „Unser Vater. Du bist im Himmel. Du bist da."

2. Ich muss nicht nur glauben, dass Gott existiert, sondern auch dass er persönlich ist, dass er „jemand" ist und nicht „etwas".

Es gibt viele umgangssprachliche Synonyme und Ausdrücke für Gott, die von den Leuten benutzt werden. Vor ein paar Jahren machte der anglikanische Bischof von Woolwich einen bestimmten Ausdruck in seinem Buch *Gott ist anders* populär, als er Gott als „den Grund unseres Seins" bezeichnete. Es würde mir ziemlich schwerfallen, mit dem „Grund meines Seins" zu reden. Andere sprechen von der „Kraft des Lebens". Es ist auch nicht gerade einfach, mit einer Kraft zu reden. Man könnte genauso gut mit einer Steckdose in der Wand reden. Denn auch da fließt eine Kraft! Aber diese Kraft ist eine Sache und keine Person. Bevor ich bete, muss ich nicht nur glauben, dass Gott existiert, sondern dass er jemand und nicht etwas ist. Die meisten Menschen würden sagen: „Es gibt wohl schon etwas, das größer ist als das Universum, irgendeine höhere Macht existiert da draußen." Aber wir beten ja nicht zu einer Macht. Der Gott, zu dem Sie beten, ist persönlich. Gebet ist nicht real, wenn Sie nur versuchen, mit einer höheren Macht zu sprechen. Dieser Bischof gab zu, dass sein Gebetsleben in tausend Stücke zerbrach, als er anfing, an Gott als den Grund seines Seins zu glauben, weil er nicht mehr wusste, zu wem er beten sollte. Er unterhielt sich mit dem Grund seines eigenen Seins – anders ausgedrückt führte er Selbstgespräche.

Ein Student an der juristischen Fakultät von Guildford, mit dem ich mich einmal genau über diese Sache unterhielt, sagte zu mir: „Gott? Das ist nur eine Bezeichnung für meine religiösen Gefühle." – Und das meinte er wirklich so.

Ich entgegnete: „Aber du kannst ja nicht zu deinen eigenen religiösen Gefühlen beten."

„Nein, das geht nicht. Ich tue es auch nicht" antwortete er.

Wir glauben also an einen persönlichen Gott. Warum? Weil die Bibel mir sagt, dass ich nach Gottes Bild geschaffen bin, und ich fühle, denke und handle. Gott fühlt, denkt und handelt. Ich bin ein persönliches Wesen und er ist ein persönliches Wesen.

Ich schaffe mir Gott nicht nach meinem Bilde. Ich bin nach seinem geschaffen. Denn in einer wesentlichen Hinsicht gleichen wir einander – und schließlich können wir uns mit Leuten unterhalten, die sind wie wir.

Ich habe schon manche Leute sagen hören: „Ich wusste einfach nicht, was ich mit meinem Gesprächspartner weiterreden sollte, er ist so anders als ich, vom Aussehen, Temperament und vom familiären Hintergrund her. Ich konnte mich nicht ungezwungen unterhalten, er ist einfach so anders als ich." Aber Gott sei Dank ist es mir möglich zu glauben, dass Gott in dieser Hinsicht wie ich ist. Natürlich ist er in vielerlei Hinsicht auch wieder anders als ich, aber mein Punkt ist, dass ich ihn kennenlernen kann, weil er persönlich ist und nicht abstrakt. Aber das erfordert einen großen Glaubensschritt. Er ist nicht einfach nur eine Person. Deswegen schreibe ich nicht, dass wir glauben müssen, dass Gott eine Person ist, sondern wir glauben, dass er persönlich ist – denn das drückt aus, dass er mehr ist als nur eine Person, es geht darüber hinaus. Er ist drei Personen innerhalb der Gottheit und kommuniziert schon immer als Dreiheit, denn er besteht aus drei kommunizierenden Personen.

Das ist für mich der interessanteste Unterschied zwischen Allah und Jahwe, dem Vater unseres Herrn Jesus. Der Gott des Islams ist nur einer, und darum ist er nicht Liebe. Er kann es nicht sein, weil keine Einzelperson Liebe sein kann. Darum taucht die Aussage „Gott ist Liebe" auch nicht im Koran auf, sondern in der Bibel. Wenn Allah Gott ist, dann gab es einen Zeitpunkt, zu dem er allein war und es niemanden sonst gab. Wie hätte Allah da also lieben können? Verstehen Sie, was ich da sage? Gott ist persönlich. Der Vater ist im Gespräch mit dem Sohn, und der Sohn mit dem Vater, schon seit Ewigkeiten, also ist er persönlich, und ich kann ins Gespräch mit ihm kommen; ich kann mich einklinken, weil ich in seinem Bilde geschaffen bin und ich kommunizieren kann, und auch er kann sprechen. Er kommuniziert; er ist Liebe. Es ist als ob diese drei, diese Dreiheit – ich weiß fast nicht, wie ich es formulieren soll, denn es ist fast zu wunderbar für Worte – ihre Arme öffnet und sagt: „Kommuniziert mit uns, wir sind persönlich."– und als hätten sie sich darüber untereinander unterhalten, bevor sie uns schufen.

3. Ein weiterer Schritt ist, zu glauben, dass Gott hört.
Wenn ich in der Kirche predige, benutze ich ein Mikrofon, damit die ganze Gemeinde mich hören kann. Außerdem kann ich ein Telefon benutzen, wenn ich über eine viel größere Distanz hinweg gehört werden möchte. Als ich mich in Neuseeland aufhielt, erreichte ich meine Frau in England innerhalb von Sekunden und wir unterhielten uns mittels eines Satelliten im Weltraum, ohne

dass es eine zeitliche Verzögerung zwischen Frage und Antwort zu überbrücken gab – erstaunlich!

Die Menschen auf der Erde konnten mit einem Mann sprechen, der sich auf dem Mond befand, und die zeitliche Verzögerung war minimal. Wir ziehen immer weitere Kreise, und doch sage ich Ihnen, dass von Anfang an ein Mensch, der betete, auch in den höchsten Sphären des Himmels gehört wurde. Wir brauchen das große Vertrauen, dass Gott jeden von uns aus Millionen von Stimmen heraushören kann. Es gibt aber zwei Probleme. Zum einen die Distanz: Wie weit ist Gott weg? Er ist im höchsten Himmel. Wo ist das? Ich habe keine Ahnung. Ich weiß nur, dass meine Stimme auch den höchsten Himmel erreicht!

Aber natürlich kann auch die schiere Anzahl ein Problem sein. Waren Sie schon einmal in einem Raum, in dem sich so viele Menschen unterhalten haben, dass man kein Wort verstand? Wenn Sie zu dem Personenkreis gehören, der ein Hörgerät tragen muss, dann verstehen Sie genau, was ich meine, weil viele Hörgeräte die Geräuschaufnahme nicht steuern können und jedes Gehuste, jedes Nebengeräusch, jede Stimme übertragen wird. Es ist sehr schwierig, dabei eine Person herauszufiltern, der man gerade zuhören möchte. Ich frage mich, wie vielen Menschen Gott in dieser Minute gerade zuhört. Und doch hört er jedes Wort. Es gibt über sechs Milliarden von uns auf dieser Erde und er hört jedes Wort, das gesprochen wird.

Er kennt auch schon jedes Wort, bevor ich es ausspreche. Er weiß, wann ich mich aus einem Stuhl erhebe, er weiß, wann ich mich setze und er hört jedes Wort. Er hört im höchsten Himmel gerade in diesem Augenblick jedes Wort. Es braucht wirklich Glauben, um darauf vertrauen zu können, aber es stimmt. Solche Erkenntnisse sind zu hoch für mich, ich kann es nicht begreifen. Ich kann nicht mehr als einer Person auf einmal zuhören, aber Gott ist eben Gott.

4. Das bringt mich zu einem weiteren Thema: der Glaube, dass er auch zuhören wird.
Es ist ein Unterschied, ob jemand einfach hören kann oder wirklich zuhört. Manchmal hat man mir schon gesagt, ich sei ein schlechter Zuhörer, und ich weiß, dass das stimmt. Ich habe kein Problem mit meinem Gehör, aber manchmal fällt es mir schwer zuzuhören. Doch der Glaube sagt nicht nur, dass Gott mein Gebet hören kann, sondern dass er mir auch zuhören wird.

Das Außergewöhnliche daran ist, dass wir denken, wir hätten ein Recht darauf, gehört zu werden. Wir betrachten es als ein Recht, dass wir leben, wir haben ein Recht auf Gesundheit, ein Recht auf Glück – also denken wir, wir haben ein Recht, diese Dinge von Gott einzufordern, als wäre er eine Wohltätigkeitsorganisation! Welches Recht haben wir, gehört zu werden? Welches Recht habe ich, von Gott zu fordern, dass er mir sein Ohr leiht? Man hat schon zu mir gesagt: „Also, ich habe nicht darum gebeten, in die Welt gesetzt zu werden. Ich habe mich nicht selbst geschaffen. Gott hat mich in die Welt gesetzt, also habe ich das Recht, ihn um Gesundheit und Glück zu bitten." Aber Sie haben kein Recht dazu, und ich werde Ihnen auch sagen, warum, in einfachen Worten.

Als Gott nämlich diese Welt und uns geschaffen hat, sagte er: „Es ist sehr gut, sorgt dafür, dass es so bleibt"– und keiner von uns hat das geschafft. Also haben wir das Recht verwirkt, dass man uns zuhört. Wir haben dieses Recht einfach nicht. Gott, in seiner Barmherzigkeit, hört uns zu. Wir können im Glauben darauf vertrauen, dass Gott nicht nur hören wird, was wir sagen, sondern dass er auch zuhört.

Erkennen Sie, wie viele Barrieren sich zwischen Ihnen und Gott auftürmen können? Wenn Sie in den letzten dreißig Jahren nur eine einzige Sünde pro Tag begangen hätten, ergäbe das inzwischen 10.000 Sünden, die zwischen Ihnen und Gott stehen! Welches Recht haben Sie dann noch, gehört zu werden? Nur wenn Ihre Sünden ausgeräumt sind, haben Sie das Recht gehört zu werden – und doch hört Gott zu. Er liebt es zuzuhören, nicht aufgrund dessen, wer ich bin, sondern wer er ist. Weil er eine so liebevolle Person ist, dass er es liebt zuzuhören. Er liebt es, wenn wir ihm unsere Nöte mitteilen.

5. Als Nächstes muss ich nicht nur glauben, dass Gott zuhören wird, sondern dass er auch antworten wird.
Eine Unterhaltung kann jämmerlich sein, wenn sie einseitig ist, nicht wahr? Denken Sie mal daran, wie es sich anfühlt, wenn Sie ein Gespräch allein in Gang halten sollen: „Schönes Wetter, nicht? Gestern war auch schon so tolles Wetter. Ich hoffe, morgen wird es auch wieder schön …" Es ist eine Einbahn-Unterhaltung und Sie müssen sie in Gang halten. Beten ist mehr Gespräch als Meditation, und ein Gespräch funktioniert nur, wenn es auf Gegenseitigkeit beruht.

Zu glauben, dass Gott antworten wird, gehört mit zu dem Glauben, den wir brauchen. Wir brauchen Glauben an Gott – dass er existiert, dass er persönlich ist, dass er hören kann, dass er uns auch zuhört, dass er antworten kann, dass er einen Mund und Ohren hat. Es ist wichtig, dass wir Gott nicht vorzuschreiben versuchen, wie er antworten soll, wenn wir beten.

Hier noch ein weiterer praktischer Tipp. Wenn Sie sich im Voraus genau ausmalen, wie er antworten soll, dann werden Sie seine Antwort wahrscheinlich verpassen. Denn er ändert die Methode, wie er antwortet, immer wieder. Es gibt viele unterschiedliche Arten, und ich kann nur ein paar davon aufzählen.

Zuerst einmal kann er antworten, indem er die Luft erzittern lässt, sodass Ihr physisches Ohr seine Stimme hören kann. Er kann das wirklich, aber wenn er das macht, klingt es wie ein Donnerschlag, und ich bin froh, dass er nicht allzu oft auf diese Weise antwortet! Gott kann die Luft schwingen lassen. Wir wissen, dass es wie Donner klingt, wenn er spricht, weil einige Menschen in der Bibel bei verschiedenen Gelegenheiten erzählt haben, dass es so klang, wenn er sprach. Manche hörten auch Worte wie „Das ist mein geliebter Sohn, an dem ich Wohlgefallen habe." Diejenigen, die eine ruhige, würdevolle Anbetungszeit bevorzugen, würden sich sicherlich nicht in die Nähe einer Kirche wagen, wenn Gott jedes Mal auf diese Weise sprechen würde!

Er kann durch Bibellesen zu uns sprechen. Es gibt Zeiten, da sticht ein bestimmter Vers hervor, als wäre er mit leuchtenden Buchstaben geschrieben und hätte Ihren Namen und Ihre Adresse als Aufschrift. Aber es wäre fatal, wenn er mit Ihnen bei einer bestimmten Gelegenheit auf diese Weise gesprochen hat, beim nächsten Mal zu versuchen, auf dieselbe Art eine Antwort zu bekommen.

Er kann durch eine innere Stimme mit Ihnen sprechen, die so deutlich ist, dass man fast meinen könnte, er hätte hörbar gesprochen. Manchmal haben Menschen beim Verlassen der Kirche nach dem Gottesdienst schon zu mir gesagt: „Wissen Sie, als Sie das sagten, war das wie ein persönliches Wort von Gott für mich." Ich kann mich direkt nach dem Gottesdienst eigentlich immer noch an alles erinnern, was ich in der Predigt gesagt habe, aber manchmal sind die Leute überzeugt, ich hätte etwas gesagt, was ich gar nicht gesagt habe. Dabei war es Gott, der so deutlich in ihr Herz hineingesprochen hat, dass sie ihn gehört haben, und sie denken, es sei von mir gekommen, weil sie, während sie mir zugehört haben, auch offen dafür waren, auf ihn zu hören.

Er kann auch auf erstaunliche Weise durch Umstände sprechen. Er kann durch die Stimme eines anderen Menschen sprechen, entweder durch ein unmittelbares Wort der Prophetie oder durch eine beiläufige Bemerkung in einem Gespräch. Es ist nicht so wichtig, wie er antwortet, und nicht einmal wann er antwortet. Das Wichtigste ist daran zu glauben, dass er antworten wird, wenn wir beten. Manchmal antwortet er erst im letzten Augenblick, aber Glaube vertraut darauf, dass er rechtzeitig antworten wird, er diktiert nicht, wie oder wann die Antwort kommen soll.

Manchmal kommt eine Antwort sofort. Wenn ich in meinem Leben an bestimmte wichtige Schritte zurückdenke, die dazu führten, dass ich Prediger wurde, sehe ich, auf welch vielfältige

Weise Gott zu mir sprach. Als ich den Gedanken bekam, ich solle vielleicht in den Predigtdienst gehen, sagte ich eines Morgens: „Herr, du musst mir noch heute Vormittag sagen, ob du mich in diesem Dienst haben willst."

Gegen elf Uhr traf ich mich mit einem guten Freund zum Kaffeetrinken – wir befanden uns gerade beide mitten im Studium der Agrarwissenschaften – als er mich anschaute und sagte:

„Weißt du, David", und das kam völlig unvermittelt, „ich denke, du wirst irgendwann hinter einer Kanzel landen und nicht hinter einem Pflug."

Auf dem Heimweg lief mir kurz darauf ein pensionierter Pastor über den Weg. Er schaute mir direkt in die Augen und wie aus dem Nichts sagte er plötzlich: „David, wann wirst du endlich in den Dienst gehen?" Hier sprach Gott also durch andere Menschen, und zwar so deutlich, wie man es sich nur vorstellen kann, und nur innerhalb eines einzigen Vormittags.

Dazu fällt mir auch noch die Zeit ein, als ich mich mit der Tatsache auseinandersetzen musste, dass ich innerhalb der Denomination, für die ich als Pastor arbeitete, als Häretiker galt, was die Frage der Taufe anging. Ich musste vor einem Ausschuss für Lehrfragen erscheinen, der aus lauter Theologen dieser Denomination bestand. Diese Vorstellung sagte mir überhaupt nicht zu. Etwa zwei Wochen vor diesem Termin machte ich in einem kleinen Fischerdorf an der Küste von Northumberland Ferien. Ein sehr netter Fischer trat am Sonntag an die Kanzel und las Gottes Wort aus dem Hebräerbrief vor: *Ich will mich nicht fürchten. Was soll mir ein Mensch tun?* Als er redete, wich alle Furcht von mir. Obwohl wir einen Job, unser Heim, Pensionsansprüche und einfach alles verloren, hatte Gott gesprochen. Sein Wort wurde lebendig und die Furcht verschwand.

Dann denke ich auch noch an eine weitere Stimme, die ich durch meine Umstände hörte, als die Gold Hill Baptist Church mir anbot: „Wir berufen dich als Pastor. Wirst du unseren Ruf annehmen?"

Ich antwortete: „Es tut mir sehr leid, aber ich kann frühestens am 30. April nächsten Jahres anfangen." Damals hatten wir November.

Sie meinten: „Ist das nicht merkwürdig? Wir bauen gerade ein neues Pfarrhaus und die Baufirma hat uns gesagt, es würde zum 30. April fertig werden." So kam es, und wir zogen am 30. April um. Gott redet durch Umstände!

Mir fällt auch unser Umzug nach Guildford ein. Die Gemeinde schrieb uns zweimal: „Wirst du als Pastor nach Guildford kommen?" Ich antwortete: „Nichts zu machen!" Aber eines Morgens, als ich noch im Bett lag, weil ich mich irgendwie krank fühlte, sah ich plötzlich auf der Tapete das Wort „Guildford" stehen. Ich fragte: „Herr, hätte ich womöglich nicht nein sagen sollen?" Meine Frau brachte mir das Frühstück auf einem Tablett ans Bett. Meine Briefe lagen auf einem Teller und auf dem obersten Umschlag befand sich ein Poststempel von Guildford. Sie erinnert sich heute noch daran, wie ich mich zu ihr umdrehte, als ich den Brief gelesen hatte und zu ihr sagte: „Wir gehen nach Guildford." Wenn wir zurückdenken, können wir sehen, dass Gott 1001 Möglichkeiten hat, um zu uns zu sprechen. Das Wichtigste ist, dass wir glauben, dass er antworten wird, ohne ihm vorschreiben zu wollen, wie und wann. Ich hoffe, das ist praktisch genug für Sie!

6. Es ist wichtig, dass wir glauben, dass Gott handeln kann.
Er ist ein lebendiger Gott. Alle Situationen unterstehen seiner Kontrolle. Nicht nur Menschen können Dinge ändern, sondern auch das Gebet.

Jetzt möchte ich Ihnen noch eine kleine Lehrstunde in Philosophie erteilen. Es gibt drei philosophische Strömungen, die wir kurz betrachten wollen: Theismus, Deismus und Monismus. Theisten sagen, Gott habe dieses Universum geschaffen und er herrsche auch darüber. Deisten sagen, Gott habe dieses Universum zwar geschaffen, er könne aber nicht darüber herrschen. Es sei wie eine Uhr, die er hergestellt und aufgezogen habe, und jetzt laufe sie nach ihren eigenen Gesetzen. Monisten sagen, diese Welt habe sich selbst geschaffen und werde von sich selbst beherrscht. Im Monismus gibt es gar keinen Raum für Gebet, aber selbst der Deismus ist innerhalb der Kirche weit verbreitet. Deisten sagen, man könne für Menschen beten, weil Gott Menschen verändern kann, aber man könne nicht für Dinge beten, weil sie nicht mehr unter Gottes Herrschaft stehen. Man könne beispielsweise nicht für das Wetter beten, denn es unterliege den Naturgesetzen. Man könne für sich selbst beten, zum Beispiel für Geduld, und man kann für die Kranken beten. Ein Theist sagt, dass Gott nicht nur Schöpfer ist, sondern auch die Herrschaft ausübt.

Ich habe einmal Mendelssohns Elia gehört, dieses unvergleichliche Oratorium, dessen Aufführung ich schon einmal an einem Ostersonntagabend in En-Gev am See Genezareth erleben durfte. Ich dachte an Elia während ich über die Parkanlage hinweg schaute und sah, wie ausgetrocknet alles war. Dabei kam mir folgender Gedanke: Würde ein Prophet in Großbritannien wagen zu beten: Gott, lass es dreieinhalb Jahre nicht mehr regnen, bis alle wieder vernünftig werden?

Ich kann mich noch daran erinnern, wie der heiße Wüstenwind über uns hinwegstrich und alles auszutrocknen schien. Ich stellte mir vor, wie es gewesen sein musste, als dieser Zustand dreieinhalb Jahre andauerte. Als ich mir auf dem Karmelgebirge die Stelle anschaute, an der Elia die Baalspriester herausgefordert hatte, konnte ich eine Wolke fotografieren, die genau über mir stand und die Größe einer menschlichen Hand hatte. Elia glaubte, dass Gott herrscht, dass er handeln kann – dass er ein lebendiger Gott ist.

Watchman Nee glaubte das auch. Er und ein junger Teenager wollten zusammen auf einer Insel vor dem chinesischen Festland das Evangelium verkünden. Als sie auf der Insel ankamen, fanden sie dort einen Fruchtbarkeitskult, bei dem ein Gott angebetet wurde, von dem die Menschen glaubten, er sende den

Regen. Es gab einmal im Jahr eine Prozession zu Ehren dieses Gottes, der dabei vom Priester durch die Straßen getragen wurde. Sie fand während einer Trockenperiode statt. Die Einheimischen zogen in der Sonne mit diesem Gott umher und baten ihn, ein paar Wochen später für Regen zu sorgen, und der Regen kam. Die beiden Evangelisten versuchten, dort das Evangelium zu predigen, aber nichts geschah. Als sie diese Situation im Gebet bewegten, sagte der 14-Jährige zu Watchman Nee: „Warum probieren wir denn nicht einmal ‚Elias Methode' aus?"

Watchman Nees Glaube wollte nicht so richtig mitziehen, aber er sagte: „Okay, wir machen das." Also beteten sie, dass es an dem Tag auf den Götzen regnen solle, an dem die Menschen die Götterfigur auf die Straße bringen würden. In den folgenden Wochen blieb der Himmel wolkenlos und blau. Als die beiden am Morgen der geplanten Prozession aufstanden, war der Himmel immer noch wolkenlos und blau, und ihnen kamen leichte Zweifel. Dann fing die Prozession an, und eine Wolke begann sich zu formen. Sie wurde rasch größer und erste Tropfen begannen zu fallen. Schließlich schüttete es wie aus Eimern, der Priester, der die Götterfigur trug, rutschte aus – und sie zerbrach! Die Priester setzten die Bruchstücke hektisch zusammen und verkündeten öffentlich, dass sie sich im Datum geirrt hätten und den Götzen erst in einigen Wochen wieder herausbringen würden.

Watchman Nee kündigte an: „Es wird nicht mehr regnen bis zu dem Tag, an dem ihr den Götzen wieder herausbringt, und dann wird es wieder regnen." Es geschah so und die Insel bekehrte sich zum Herrn. Sehen Sie, wir müssen glauben, dass Gott immer noch die Kontrolle hat, dass er handeln kann und auch Dinge verändern kann und nicht nur Menschen.

Wir waren gerade dabei, unseren ersten Ostermorgengottesdienst in Guildford zu planen, der parallel zum Sonnenaufgang stattfinden sollte. Wir kamen zu unserem regelmäßigen Gebetskreis am Samstagmorgen zusammen und waren etwas deprimiert, weil die Wettervorhersage schlecht war. Es war, soweit wir wussten, der erste Ostergottesdienst zur Morgendämmerung, der je in unserer Stadt gefeiert werden sollte, und er sollte dem Herrn wirklich Ehre bringen. Wir beteten: „Herr, du bist unser Wettermann." Wir beteten um seiner Ehre willen, nicht um unseres Gottesdienstes oder der Organisation willen – es war anders, als wenn wir für einen netten Sonntagsschulausflug gebetet hätten. Wir beteten für seine Ehre, für den ersten Gottesdienst dieser Art. An jenem Sonntagmorgen erlebten wir Rekordsonnenschein – den schönsten Ostersonntag, den Guildford in den letzten 16 Jahren erlebt hatte. Sollten wir das als Zufall abtun? Sie können es so sehen, aber ich möchte lieber in einer Welt leben, in der solche „Zufälle" öfters vorkommen – und dafür brauchen wir den Glauben, dass Gott die Kontrolle hat, dass er nicht nur die Welt geschaffen und sie dann den Naturgesetzen überlassen hat. Die Naturgesetze sind für Gott wie die Schulordnung für den Schulleiter. Er kann sie jederzeit ändern, wenn er will.

7. Schlussendlich müssen wir auch noch Folgendes glauben: dass Gott uns gibt, worum wir bitten.
Sie denken vielleicht, dass ich das als Erstes erwähnen würde, als ich mit diesem Kapitel über das glaubensvolle Gebet anfing. Aber dieser Aspekt kommt erst an letzter Stelle. Wir müssen erst all die anderen Dinge glauben: dass es Gott wirklich gibt, dass er persönlich ist, dass er hören kann, dass er auch zuhören wird, dass er antworten kann und dass er handeln kann. Wenn ich Gewissheit über diese sechs Voraussetzungen habe, dann kann ich im Glauben beten, dass ich empfange, worum ich bitte. Diese Art von Glauben erhält Antworten. Jesus sagte einmal: *„Darum sage ich euch: Worum ihr auch bittet, glaubt, dass ihr es empfangen werdet und es wird euch werden."* Das ist eine extrem starke Aussage. Sein Bruder Jakobus, der viele Jahre später etwas Schriftliches hinterlassen hat, schrieb: *Wenn ihr aber bittet, dann zweifelt nicht, wie eine Welle, die im Meer hin und her geworfen wird.* Zweifelt nicht. Das ist das Problem: Zweifel schleichen sich

ein, und Sorgen. Wird es überhaupt so kommen? Wird alles gut werden? Jesus hat uns schon gelehrt, dass Sorgen eine Beleidigung für unseren himmlischen Vater sind. *„Oh ihr Kleingläubigen."*

Es gibt so viele Geschichten, dass es mir schwerfällt, mich zu entscheiden, womit ich anfangen soll. Ich denke da beispielsweise an den Ackerknecht John Hunt aus Lincolnshire, der sich das Bibellesen selbst beibrachte, indem er die Bibel auf den Griffen des Pfluges balancierte, während er die Felder pflügte. Er lernte auf dieselbe Weise Griechisch und Hebräisch. Er war im Alter von 26 Jahren der erste Missionar, der nach Tonga und Fidschi ausreiste, was dazu führte, dass sich die Inseln innerhalb von zehn Jahren zu Christus bekehrten. Im Alter von 36 Jahren starb er bereits völlig erschöpft von seiner Arbeit. Bei seiner Anreise geschah es, dass sein Schiff in Sichtweite von Fidschi auf ein Korallenriff auflief und unter seinen Füßen zerbrach. Es schien, als sei seine Fahrt umsonst gewesen und dass sie alle ertrinken würden – es war hoffnungslos. Aber John Hunt kniete auf dem Deck nieder und sagte: „Herr, wir sind mit deiner Frohen Botschaft hierhergekommen. Bring uns ans Ziel." Als er seine Augen öffnete, sah er zu seinem Schrecken, wie eine große Flutwelle auf sie zurollte – eine Welle, die durch einen unterirdischen Vulkan weit draußen auf dem Pazifik ausgelöst worden war. Aber anstatt sie zu überrollen, trug die Welle das, was vom Schiff übrig geblieben war, über einen Kilometer weit mit sich und setzte sie am Strand ab. Jeder, der an Bord gewesen war, konnte an Land gehen. Er hatte geglaubt!

Ich bin manchmal ein wenig deprimiert, wenn ich Bücher über Gebetserhörungen lese. Geht es Ihnen genauso? Man liest Geschichten aus dem Leben eines Georg Friedrich Müller und Hudson Taylor und möchte sich danach nur noch verkrümeln und das Handtuch werfen. Es gibt zwei Dinge, die man mit seinem Glauben nicht tun sollte, und zwei Dinge, die man tun sollte. Seien wir dabei ganz praktisch. Zunächst das, was man nicht tun sollte: Sie sollten nicht versuchen, Ihren Glauben zu fühlen. Ihre

Gefühle schwanken hin und her; wenn das nicht so wäre, hätten Sie keine. Aber wenn Sie Ihren Glauben an Ihre Gefühle binden, dann wird auch Ihr Glaube hin und her schwanken. Binden Sie Ihre Gefühle an Ihren Glauben, dann werden Ihre Gefühle Ihrem Glauben folgen. Binden Sie Ihren Glauben an die Fakten. So herum sollte es sein. Man sollte seinem Glauben auch keinen Zwang antun. Man kann die Lebensgeschichte von Georg Müller lesen und sich dann zwingen, ein Waisenhaus zu eröffnen! Aber erzwungener Glaube funktioniert nicht. Wie geht man mit dem eigenen Glauben um? Zunächst sollte man ihn stimulieren und dann etwas dehnen. Stärken Sie Ihren Glauben, indem Sie zuhören, wenn andere von ihren Gebetserhörungen erzählen.

In meiner Gemeinde gab es einmal einen jüngeren Teenager, der auf einem Schulausflug ein kleines Problem hatte. Als er im Bus unterwegs war und eine Orange aus seinem Lunchpaket essen wollte, wusste er nicht, was er mit der Orangenschale machen sollte. Die Aschenbecher waren alle vollgestopft und er wollte sie sich auch nicht in die Hosentasche stecken. Was tat er also? Er betete und bat Gott im Glauben, sich um diese Unannehmlichkeit zu kümmern. Daraufhin tippte ihn ein anderer Junge an die Schulter und fragte: „Was machst du eigentlich mit deinen Orangenschalen?"

„Warum willst du das wissen?", entgegnete er.

„Also, ich möchte sie gerne essen", sagte der andere Junge. „Kann ich sie haben?"

Der Junge, der gerade noch dafür gebetet hatte, fragte die anderen Jungs im Bus: „Isst du Orangenschalen?" Und aus jedem anderen Sitz ertönte ein entschiedenes „Nein!" Das ist vielleicht eine witzige Geschichte, aber für mich ist sie auch ungeheuer ermutigend, weil er nur um eine Kleinigkeit gebetet hatte und der Herr ihn erhörte und eine Lösung schenkte. Sie passt damit genau zu der Geschichte, als der Herr Wasser in Wein verwandelte, weil die Gastgeber bei einer Hochzeit im galiläischen Kana vor einer peinlichen Situation standen.

PRAKTISCHE ANLEITUNG ZUM GEBET

Erbauen Sie Ihren Glauben, indem Sie sich von Gebetserhörungen berichten lassen und die Bibel lesen. Wenn Sie in die Bibel eintauchen, erleben Sie eine Welt, in der Menschen mit Gott reden und er mit ihnen. Sie leben in einer realen Welt; das ist Fakt und nicht Fiktion; es ist zwar kein wissenschaftlicher Bericht, aber auch kein Märchenbuch. Es ist eine Welt, in der echte Menschen ihre realen Nöte vor Gott brachten, ihn baten und erhört wurden. Je mehr man die Bibel liest, desto mehr lebt man selbst in dieser Haltung zur Welt, und desto mehr wird man selbst das tun, was auch die Menschen der Bibel taten.

Stimulieren Sie Ihren Glauben. Versuchen Sie nicht, ihn zu fühlen oder zu etwas zu zwingen, sondern entfachen Sie ihn und dehnen und strecken Sie ihn innerlich. Ich habe das von einem französischen Missionar gelernt. Er sagte einmal zu mir:

„David, bete niemals außerhalb deines Glaubens", und ich dachte: Was um alles in der Welt meint er damit?

Gott vermag über die Maßen mehr zu tun, als wir erbitten oder uns vorstellen. So steht es bei Paulus im 3. Kapitel des Epheserbriefes. Es gibt einen Liedvers von John Newton, der lautet: *Du trittst vor einen König hin, der Bitten zahlreich zu ihm bring.*

Ich fragte also den Missionar: „Was meinen Sie damit? Es ist doch nichts zu schwierig für ihn!"

Er antwortete: „Das stimmt, und oft tut er auch mehr als wir bitten oder uns vorstellen können, aber du musst lernen, innerhalb dessen zu beten, was du glaubst."

Er fuhr fort: „Ich habe diese Lektion an meinen Nachbarn gelernt. Als sie einzogen, setzte ich sie auf meine Gebetsliste und betete täglich für sie – für ihre Bekehrung – aber es passierte nichts. Schließlich sagte ich zum Herrn: ‚Warum ist das so? Du reagierst überhaupt nicht auf mein Gebet. Ich bete doch täglich für meine Nachbarn.' Der Herr antwortete: ‚Weil du nicht glaubst, was du betest.' Ich entgegnete: ‚Aber Herr, du kannst doch alles tun', und der Herr erwiderte: ‚Ich weiß, dass ich das kann, aber du glaubst es nicht.'"

Er sagte: „Aber ich glaube doch, Herr, nichts ist für dich unmöglich", und der Herr antwortete: „Nein, du glaubst nicht, du kannst dir gar nicht vorstellen, wie dein Nachbar als Christ wäre, stimmt 's?"

Er erwiderte: „Nein, kann ich nicht!" Er fragte also, wofür er dann beten solle, und der Herr antwortete: „Bete dafür, dass etwas passiert, das du auch glauben kannst." Also betete er dafür, dass er ein gutes Gespräch mit seinem Nachbarn haben würde. Und innerhalb einer Woche hatte er eine großartige Unterhaltung am Gartenzaun mit seinem Nachbarn. Also betete er dafür, dass er das Nachbarhaus betreten würde, was noch nie zuvor der Fall gewesen war. Kurz darauf lud sein Nachbar ihn zum Kaffeetrinken ein. Dann betete er, dass der Nachbar das Gesprächsthema auf Religion bringen würde, und der Nachbar fragte ihn, wo er sonntags immer hinginge. Dann betete er, dass der Nachbar sich zu einer Veranstaltung in der Kirche einladen lassen würde, und der Nachbar kam.

Sehen Sie, was er da tat? Er dehnte seinen Glauben innerlich. Er betete innerhalb dessen, was er glaubte und dehnte seinen Glauben von innen her, und er wuchs. Bis er schließlich beten konnte: „Herr, bekehre meinen Nachbarn." – Und auch das geschah.

Versuchen Sie also nicht, Ihren Glauben zu spüren; versuchen Sie nicht, etwas zu erzwingen, sondern stimulieren Sie ihn, indem Sie sich mit Gebetserhörungen befassen, vor allem in der Bibel, und ihn innerlich ausdehnen, indem Sie mit Ihrem Glauben beten. Es ist besser, für etwas Kleines zu beten, das Sie glauben können. Denn wenn Gott auf Ihren Glauben antwortet, dann wächst Ihr Glaube um dieses kleine Stück und Sie werden um etwas Größeres bitten können.

Oft hört man Gebete wie „Herr, bring Erweckung in unserer Stadt!" Am liebsten würde ich diese Person unterbrechen und fragen: „Was geht Ihnen durch den Kopf, wenn Sie so ein Gebet sprechen? Was denken Sie wird passieren? Können Sie sich das innerlich ausmalen? Wäre es nicht besser, mit etwas anzufangen, woran Sie glauben können, dass es auch eintritt, und dass Sie mit den Augen des Glaubens sehen können, obgleich es noch nicht sichtbar ist?" Nehmen Sie den Glauben, der in Ihnen ist und dehnen Sie ihn innerlich aus.

Und nun wollen wir uns der objektiven Seite des Glaubens zuwenden. Die objektive Seite ist Vaterschaft. Glaube hat einen Inhalt. Es ist ein „Glaube an …" und mein Glaube begegnet seiner Vaterschaft. Denn das Besondere am christlichen Gebet, das man nirgendwo sonst auf der Welt, in keiner anderen Religion und in keiner anderen religiösen Schrift findet, ist dieses: Eines Tages hörten die Jünger Jesus beten. Es waren Männer, denen man von klein auf beigebracht hatte, Gebete zu sprechen. Sie wussten, was sie sagen sollten, aber als sie hörten, wie Jesus betete, spürten sie einen Unterschied. Als er fertig war, scharten sie sich um ihn und baten ihn: „Herr, lehre uns beten." Sie sagten nicht: „Herr, lehre uns, wie wir beten sollen." – Sie fragten nicht nach einer Methode. Sie meinten damit: Herr, könntest du uns beibringen, mit Gott zu sprechen, wie du es tust? Und er antwortete: „Ja, das kann ich. *Wenn ihr betet, dann sprecht ‚Abba'* …" Für einen Juden ist das eine Revolution. Für jeden wäre das unglaublich. Gehen Sie doch einmal zu all den Menschen, die nicht in die Kirche gehen und behaupten, sie glaubten an Gott, und zählen Sie mal, wie oft sie ihn als „Vater" bezeichnen – nicht ein einziges Mal. „Ja, ich glaube an Gott", sagen sie. „Ich möchte nicht, dass Sie meinen, ich würde nicht an Gott glauben." Aber sie nennen ihn nicht „Vater", oder? Natürlich tun sie das nicht, weil sie nicht seine Kinder sind.

Selbst in der jüdischen Religion, die näher an die Wahrheit heranreicht als jede andere und die die Wahrheit vorbereitet hat und ihr Fundament wurde, hat man solche Angst davor, Gottes Namen zu missbrauchen, dass man ihn bis heute nicht ausspricht. In Israel habe ich einen Juden dazu befragt. Ich versuchte ihn zu überreden, aber egal, wie ich es anstellte, er wollte ihn nicht aussprechen. Ich ging mit ihm auf jedem anderen Gebiet zurückhaltend um, aber in dieser Frage forderte ich ihn heraus: „Wenn ich predige, weiß ich nie, wie ich den Namen Gottes aussprechen soll. Könntest du es mir sagen?" Er gab mir eine kleine Hebräischlektion und sagte mir, ich solle „Eliahu" sagen und „Moische", und auch nicht „Jesus", sondern „Jeschua" und nicht „Messias" sondern „Maschiach" und „Isra" und nicht „Esra". Ich sagte:

„Okay, aber wie spreche ich den Namen Gottes richtig aus?" Er schaute mich an, als hätte ich ihm eine Ohrfeige gegeben und sagte dann: „Ich werde ihn dir buchstabieren." Also nannte er mir die vier Buchstaben, die ich ja schon kannte. Ich fragte:

„Also wie spreche ich sie nun aus?" Er sagte: „Die Juden sprechen ihn nicht aus." Ich erwiderte: „Aber wenn sie ihn aussprechen würden, wie würden sie es dann tun?" Ich denke, ich schaffe es schon manchmal, etwas aus jemandem herauszukitzeln, aber ihm konnte ich diesmal gar nichts entlocken. Er meinte: „Manchmal benutzen wir das Wort ‚Herr' oder einfach den Ausdruck ‚der Name'. Wir sagen: ‚Sprich mit dem Namen; der Name wird dich hören, und der Name wird dir antworten.'" Aber er fügte hinzu:

„Nein, ich werde den Namen nicht gebrauchen."

Jesus ging auf genau diese Situation ein, als er sagte: „Wenn ihr betet, dann sagt Papa." (Das ist die Übersetzung für „Abba".) Bei jeder Reisegruppe, die wir nach Israel mitnehmen, gibt es immer jemanden, der es total spannend findet, dieses Wort zu benutzen. Sie erzählen mir dann: „Ich habe gerade gehört, wie ein Kind ‚Abba, Abba' gerufen hat." Es ist das erste Wort, das ein jüdisches Kind lernt. Jesus kam und lehrte seine Jünger, dass es weder um Methode noch Technik noch Ritual geht. Wenn Sie beten, dann sagen Sie „Abba, Papa" – Sie sind sein Kind.

Wenn Sie beten, dann denken Sie auch an die Haltung der Hände, denn mit Ausnahme des Mundes werden diese Gliedmaßen mehr als jedes andere Körperteil, sogar mehr als die Knie, in der Bibel im Zusammenhang mit Gebet genannt. Die meisten Gebete in der Bibel werden im Stehen gesprochen, manche auch im Knien, immer mit offenen Augen – in der Bibel wird nichts darüber gesagt, dass wir unsere Augen schließen sollen.

Wir haben erlebt, dass die Hände gebraucht wurden, wie es sein sollte, und zwar von kleinen bettelnden Kindern auf dem Ölberg. „Allo", sagten die kleinen arabischen Kinder und hielten uns ihre Händchen hin, mit der Innenfläche nach oben und leicht gewölbt, um alles, was man hineinlegen würde, auch auffangen zu können. Diese Geste wurde auf unseren Reisen fast sprichwörtlich. Wie seltsam, dass wir unseren Kindern beibringen, die Hände im Gebet auf eine bestimmte Art aneinanderzulegen, die wir selbst nicht praktizieren. Wir bringen ihnen damit eine falsche Geste bei. Ich habe schon so manche Erklärung gehört, warum wir eine bestimmte Art, die Hände aneinanderzulegen, für „korrekt" halten. Natürlich ist es zum einen die Art und Weise, wie man in östlichen Kulturen eine ranghöhere Person begrüßt. Manche behaupten (aber ich glaube das nicht wirklich), man forme einen gotischen Spitzbogen wie in einer Kirche – scheinbar gibt es einige Leute, die meinen, man könne nur beten, wenn Türen und Fenster die Form von gotischen Spitzbögen haben! Die Bibel sieht das anders. Die Bibel ist eher wie das „allo" der kleinen Kinder. Die Bibel sagt „Papa". Versuchen Sie es, wenn Sie allein sind. Ob Sie stehen, knien, sitzen oder liegen, verwenden Sie Ihre Hände und sagen Sie „Papa, ich brauche dich."

Psychologen sagen uns, wir sollen erwachsen werden, unsere Vaterfixierungen ablegen und unabhängig werden. Sie könnten nicht weiter von der Wahrheit entfernt sein. Reif zu werden bedeutet die Väter auszutauschen. Erwachsen zu werden bedeutet, seinen irdischen Vater gegen den himmlischen auszutauschen. Das ist es, was Jesus im Alter von zwölf Jahren tat. Es war nicht mehr Josef, der sich um ihn kümmern musste. Seine kleine Hand ging nicht mehr an der großen Hand von Josef. Er konnte sagen: Jetzt bin ich bei meinem Vater; ich bin in das Geschäft meines Vaters eingetreten. Erwachsen zu werden bedeutet nicht unabhängig zu werden, sondern die eigene Hand, wie die eines Kindes, in eine größere Hand zu legen – die Hand Gottes. Darum ist Gebet auch etwas ganz Einfaches. Darum sagt Gott: *"Wenn mein Volk sich demütigt und betet …"*

Was meint er damit? Wenn sie wie kleine Kinder werden, ihre Hände aufhalten und einfach sagen …

… Aber eine Frau in meiner Gemeinde meinte, dass es aussähe als sei ich Faschist, wenn ich meine Hände erhebe, und dass es sie an den Nürnberger Parteitag erinnere. Wir haben solche Angst davor, unsere Hände zu erheben, doch die Bibel sagt überall:

„Klatscht in die Hände!", und: „Erhebt heilige Hände zum Herrn!". Wir verstehen diese Ausdrücke metaphorisch, wir vergeistigen sie, aber Gott weiß, dass wir einen Körper haben. Wir sind im Fleisch, wir stecken darin fest bis zu dem Tag, an dem wir sterben. Wir sollen mit unserem ganzen Sein beten. Warum sollen wir dann nicht unsere Hände benutzen, unsere Augen offen halten und sagen: „Hallo Papa"?

Ich werde nie einen lieben Bruder vergessen, der vor vielen Jahren zu uns nach Haslemere kam. Er erlitt einen Herzinfarkt und wurde ins Krankenhaus eingeliefert, wo er auch verstarb. Ich besuchte ihn immer wieder in den letzten Wochen seines Lebens. Sein Herz vollführte alle möglichen Kapriolen und ihm wurde ein Schrittmacher eingesetzt, um seinen Herzschlag zu regulieren, aber es half nichts. Er bat mich, für ihn zu beten, dass Jesus seinen Herzschlag reguliert, und Jesus erhörte dieses Gebet. Von da ab hatte dieser Mann ein Herz, das regelmäßig schlug, bis er ein paar Wochen später verstarb. Jesus erhörte also dieses eine Gebet, aber nicht vollständig. Der Mann hatte sich auch gar nicht mehr erbeten als das – er wünschte sich nur, dass diese Unregelmäßigkeit verschwand. Aber über diesem Mann lag ein wunderbarer Wohlgeruch. Da war keine Methode sondern gelebte Gegenwart. Eines Tages, als ich ihn besuchte, sah er mich an und meinte: „Es ist so schön, Sie zu sehen. Ich habe gerade so nett mit meinem Vater geplaudert." Ist das nicht schön? Er sagte nicht: „Ich habe gerade meine Gebete gesprochen und bin mit meiner Stillen Zeit fertig geworden." Ich werde nie vergessen, wie er

„Vater" sagte. Dieser Mann hatte einen ungeheuren Glauben und war dadurch der Vaterschaft Gottes begegnet.

Das christliche Gebet beginnt also mit diesem Satz: „Ich glaube an Gott, den allmächtigen Vater." Wenn wir zum himmlischen Vater beten, tun wir es ganz schlicht. Wir reden und bitten. Wir kommen wie ein kleines Kind, das zu seinem irdischen Vater kommen würde, um ihn zu bitten: „Ich brauche etwas und vertraue dir, dass du es mir geben wirst."

Und wenn ihr, die ihr böse seid, euren Kindern gute Gaben gebt, wie viel mehr ... Wie viel mehr? Vielleicht nehmen Sie sich diesen kurzen Text als Motto für Ihr Gebet in dieser Woche vor: Wie viel mehr?

Gebet
Vater, Abba, Papa, wir sind vielleicht sehr erwachsen, wenn wir uns morgens auf den Weg zur Arbeit machen, aber jetzt sind wir nur kleine Kinder, und auch für morgens gilt das. Wir brauchen dich. Herr, wir bitten dich im Glauben, dass du diese Woche mit uns bist, dass du über uns wachst und nach uns schaust, dass du uns durch alles durchhilfst, und dass wir, wenn wir etwas Bestimmtes brauchen, wissen, dass du es uns geben wirst, weil du uns liebst. Danke für das Privileg, dass wir jederzeit und überall und über alles mit dir sprechen dürfen – weil dein Sohn uns zu Geschwistern gemacht hat und uns darum die Erlaubnis gegeben hat, dich unseren Vater zu nennen ... im Himmel, geheiligt werde dein Name. Dein Reich komme. Dein Wille geschehe, wie im Himmel so auf Erden. Unser tägliches Brot gib uns heute. Und vergib uns unsere Schuld, wie auch wir vergeben unseren Schuldigern. Und führe uns nicht in Versuchung, sondern erlöse uns von dem Bösen. Denn dein ist das Reich und die Kraft und die Herrlichkeit, in Ewigkeit. Amen.

Kapitel 2

DURCH DEN SOHN BETEN

Schauen wir uns einmal den folgenden Abschnitt aus Hebräer 4,12ff. an, der beschreibt, was für einen wunderbaren Erlöser wir haben:

Das Wort Gottes ist lebendig und wirksam. Es ist schärfer als das schärfste Schwert und durchdringt unsere innersten Gedanken und Wünsche. Es deckt auf, wer wir wirklich sind, und macht unser Herz vor Gott offenbar. Nichts in der ganzen Schöpfung ist vor ihm verborgen. Alles ist nackt und bloß vor den Augen Gottes, dem wir für alles Rechenschaft ablegen müssen. Da wir nun einen großen Hohen Priester haben, der durch den Himmel gegangen ist – Jesus, den Sohn Gottes –, wollen wir an unserem Bekenntnis zu ihm festhalten. Dieser Hohe Priester versteht unsere Schwächen, weil ihm dieselben Versuchungen begegnet sind wie uns, doch er wurde nicht schuldig. Lasst uns deshalb zuversichtlich vor den Thron unseres gnädigen Gottes treten. Dort werden wir Barmherzigkeit empfangen und Gnade finden, die uns helfen wird, wenn wir sie brauchen.

Die Aufgabe eines Hohen Priesters ist es, andere Menschen vor Gott zu vertreten. Er bringt Gott ihre Gaben und die Opfer für ihre Sünden dar. Er ist nachsichtig mit den Menschen, auch wenn sie unwissend sind und vom richtigen Weg abkommen, denn er ist denselben Schwächen unterworfen wie sie. Deshalb muss er nicht nur für ihre, sondern auch für seine eigenen Sünden Opfer darbringen. Niemand kann Hoher Priester werden, indem er für sich selbst diese Würde in Anspruch nimmt. Er muss wie Aaron von Gott zu diesem

Dienst berufen werden. So hat auch Christus sich nicht selbst erhöht, um Hoher Priester zu werden. Nein, er wurde von Gott erwählt, der zu ihm sprach: „Du bist mein Sohn. Heute habe ich dich gezeugt". Und an anderer Stelle sprach Gott zu ihm: „Du bist für immer Priester nach der Ordnung Melchisedeks". Solange Jesus hier auf der Erde lebte, hat er mit lautem Schreien und unter Tränen seine Gebete und Bitten an den einen gerichtet, der ihn aus dem Tod befreien konnte. Und weil er große Ehrfurcht hatte vor Gott, wurde er erhört. Obwohl Jesus der Sohn Gottes war, lernte er doch durch sein Leiden, gehorsam zu sein. Auf diese Weise machte Gott ihn vollkommen, und er wurde der Retter für alle, die ihm gehorchen. (**Neues Leben**)

Wir haben uns angeschaut, was es bedeutet, zu Gott zu beten, und uns dabei auf zwei Themen konzentriert: Glaube und Vaterschaft. Nun wollen wir darüber nachdenken, was es bedeutet, durch Jesus zu beten.

Vielleicht kennen Sie das kleine Gebet Vesper von A. A. Milne, in dem Christopher Robin sich an seinem Bett niederkniet und Gott bittet, seine Mama, seinen Papa und ihn selbst zu segnen? In meinen Augen ist das ein kindisches Gebet. Es ist auch in keinerlei Hinsicht ein christliches Gebet. Es ist ein Gebet, wie es jeder Mensch auf der ganzen Welt sprechen könnte, und Christopher Robin hätte genauso gut Buddhist, Hindu oder sonst etwas sein können, als er dieses Gebet sprach. Christopher Robin wurde erwachsen und als Besitzer eines Buchladens in Devon hing es ihm irgendwann zum Halse heraus, dass die Leute ihn immer wieder darauf ansprachen und fragten: „Hast du heute schon dein Gebet gesprochen?"

Ich möchte hier noch ein anderes Gebet erwähnen, das wie Christopher Robins Gebet aus Guildford stammt. Es wurde nach einem Sonntagabendgottesdienst von einem Gemeindeglied verfasst. Es ist ein Gebet, wie es nur von einem Christen gesprochen werden kann, und in meinen Augen ist es kein kindisches, sondern ein kindliches Gebet:

Du sagtest, ich solle ihn „Paps" nennen

Paps, ich habe Angst und fürchte mich sehr. Paps, ich bin am Ende, und er hat was von Beten gesagt, und ich wollte mit dir reden, Paps. Aber dann habe ich Angst bekommen und fürchte mich sehr, Paps.

Da waren all diese Leute, Paps, und ich dachte, sie würden mich anstarren und ich würde Angst bekommen und ich würde kein Wort rausbringen und mich lächerlich machen, Paps.

Ich will dich nicht enttäuschen oder so. Ich kenne all diese Leute nicht, Paps. Ich mag sie auch nicht besonders, weil ich sie gar nicht kenne und sie sich so anders benehmen, und ich verstehe nicht, was sie da machen, Paps. Aber ich wünschte, ich hätte mit ihnen reden können, Paps. All diese Bilder von Kindern im Sonnenschein mit ihren Papas. Ich wünschte, ich könnte ihnen von dir erzählen, und dass ich dein Kind bin. Weil ich zu dir laufen kann und sagen kann: „Schau mal, Paps, ich kann rennen."– Und ich kann dir in die Arme laufen, weil du groß und stark bist und ich dich nicht umrennen kann. Und ich kann meine beiden Arme um deine Beine schlingen und dann kann ich deine Hand halten, und du kannst mich an deinem Arm schaukeln, auch wenn du dich dabei gerade mit jemand anderem unterhältst. Und wenn du beschäftigt bist, dann nimmst du mich einfach hoch auf deinen Arm und ich kann deiner Stimme zuhören, wenn du redest. Ich wünschte, ich hätte ihnen das alles sagen können, Paps, aber sie sind nicht wie du und sie lieben mich nicht so, wie du mich liebst, und sie würden es nicht verstehen. Ich liebe sie nicht so, wie ich dich liebe, Paps, denn du bist was ganz Besonderes, und ich bin so froh, dass du mein Papa bist und dass ich keinen anderen Papa habe. Denn du bist der beste Papa, den es gibt.

PRAKTISCHE ANLEITUNG ZUM GEBET

Der erste Unterschied zwischen einem christlichen Gebet und allen anderen Gebeten ist, dass wir Gott „Papa" nennen können. Niemand sonst auf der Welt darf das. Niemand auf der ganzen Welt ist in der Position, das zu tun. Jesus sagte, als er seine Jünger beten lehrte: „Wenn ihr betet, sagt ‚Papa' ..." (Abba, Vater). Es liegen Welten zwischen der Art von Gebet, wie A. A. Milne es formuliert hat, ein kindisches Gespräch mit Gott, das von jedem so gesprochen werden könnte, egal welcher Religion er angehört, und dem Gebet, das ich oben zitiert habe, das zeigt, dass diese Person verstanden hat, worum es bei einem christlichen Gebet geht. Beten ist etwas Universelles und Zeitloses, aber das christliche Gebet unterscheidet sich fundamental von allen anderen Gebeten.

Vor ein paar Jahren wurde mir aus der Ökumene folgender Vorschlag angetragen: Warum kommen wir nicht als Vertreter einer ganzen Menschheit zusammen, um gemeinsam über die göttliche Macht, die hinter dem gesamten Universum steht, zu meditieren? Wir könnten die Christen und ihre Osterfeier, die Buddhisten und ihre Feste und andere Religionen miteinander verbinden. Wir könnten sie alle zusammenbringen und gemeinsam über die göttliche Kraft meditieren, die hinter dem Universum steht, und so Kraft in der Welt freisetzen.

Glauben Sie nicht an so etwas! Christliches Gebet lässt sich nicht mit anderen Gebeten vermischen. Nur Christen können kommen und „Papa", „Abba" oder „Mein Vater im Himmel" sagen, und wie ein Kind sprechen: „Nimm mich in deine Arme, hier bin ich auf meinen Knien."

Der grundlegende Unterschied zwischen Religion und Christsein ist Christus. Keine andere Religion hat Christus, und darum ist ein „normales" Gebet ein Gebet ohne Christus. Beim christlichen Gebet steht Christus im Zentrum. Es gibt fünf Dinge, die es in diesem Kontext über Christus zu sagen gibt, Dinge, die zum Gebet eines Christen gehören, die sonst niemand hat:

1. Der Christ hat die *Lehre Christi* über das Gebet, und es gibt keine bessere Lehre als diese.

2. Der Christ hat das *Vorbild Christi* im Gebet, und es gibt kein besseres, dem wir folgen könnten.
3. Der Christ hat das *Blut Christi* im Gebet, und es gibt kein mächtigeres Plädoyer als das Blut Christi.
4. Der Christ hat die *Fürbitte Christi*. Selbst wenn er betet, betet Christus noch für ihn, denn er lebt in Ewigkeit, um für uns zu bitten.
5. Schließlich – und das ist so einzigartig und lässt das Privileg des christlichen Gebets gegenüber den Privilegien anderer Gebete erst richtig deutlich werden – haben wir den *Namen Christi*, den wir in unseren Gebeten gebrauchen dürfen.

Was mehr könnten wir uns wünschen? Diese Punkte unterscheiden das christliche Gebet von anderen Gebeten. Darum ist auch die christliche Taufe so anders als alle anderen Waschungen, weil es eine Taufe im Namen Jesu ist.

Zunächst seine *Lehre*. Es wird von jedem religiösen Führer erwartet, dass er seine Jünger beten lehrt, und alle religiösen Führer haben dies auf unterschiedliche Weise getan. Buddha tat es, Mohammed tat es, Johannes der Täufer tat es. Eines Tages kamen auch die Jünger Jesu zu ihm und fragten ihn: „Wie kann es sein, dass wir schon Monate bei dir sind und du hast uns noch nicht gelehrt, wie wir beten sollen? Johannes hat seine Jünger gelehrt. Wir brauchen dabei deine Hilfe. Wann wirst du damit anfangen, uns zu lehren, wie wir beten sollen?" Und Jesus antwortete: „Ihr habt Recht, ich werde euch lehren." – Und das tat er dann auch. Ich glaube, er hat nur darauf gewartet, dass jemand fragen würde, und darum wartet er auch darauf, dass Sie sagen: „Herr, lehre mich, hilf mir, ich brauche deine Hilfe." Und in dem Moment, in dem Sie darum bitten, wird er Sie lehren, aber er wartet darauf, dass sein Schüler bereit dazu ist, von ihm zu lernen. Sobald die Jünger ihn darauf ansprachen, begann er damit, sie zu unterrichten.

Die Lehre, die er ihnen über das Beten gab, findet sich allerdings über die Evangelien verstreut wieder. Er hat nicht alles kompakt in einem Buch weitergegeben, oder gar eine lange Predigt über das Beten gehalten und ganz gewiss auch keine sonntagabendliche Seminarreihe über das Beten ausgearbeitet. Er hat vielmehr von diesem Zeitpunkt an hier einen Hinweis und dort einen Tipp fallen lassen, so wie sie gerade miteinander gingen.

In einer Israel-Reisegruppe ließ einer der Teilnehmer einmal die Bemerkung fallen, sie seien in den 14 Tagen, die sie durch Galiläa gewandert seien, wirklich gelehrt worden, was Nachfolge sei. Ich fand diesen Kommentar rührend und schön ausgedrückt, denn auf ganz natürliche Weise, ohne uns zu Treffen oder Gottesdiensten zu verabreden, sprachen wir auf dieser Reise immer wieder über geistliche Themen. Manche kleine Lektion konnten wir praktisch anwenden, oder wir griffen kleine Gegenstände auf, die wir unterwegs entdeckten, genauso wie Jesus seine Jünger damals gelehrt hatte. Das ist vielleicht auch die beste Art zu lernen. Ich möchte hier einige seiner Lehren, die er über Monate verteilt weitergegeben hatte, bündeln, damit Sie diese ausprobieren und seine Lehre im Ganzen betrachten können. Er lehrte seine Jünger tatsächlich umfangreich, wie sie beten sollten. Er lehrte sie auch umfangreich darüber, wofür sie beten sollten.

Er lehrte sie, wie sie beten sollten
Jesus sagte zuerst, dass man mit **Ernsthaftigkeit** beten solle. Es gehört zu den schwierigsten Dingen, wirklich ernsthaft zu beten, vor allem in einem Gebetskreis, und so zu beten, wie man sich wirklich fühlt. Aber genau aus diesem Grund mag ich das vorhin zitierte kindliche Gebet vielleicht so gern. Es entspricht genau dem, was diese Person gerade fühlte. Es war ernsthaft, es war echt. Das war keine Aneinanderreihung von Gebetsformeln, und es waren keine unwahren Dinge. Das Erste, was Jesus zu diesem Thema sagte, war, dass wir ernsthaft beten sollten. Die Nagelprobe ist seiner Aussage nach, was wir sagen, wenn wir beim Beten allein sind. Nur die Heuchler beten ausschließlich in der Öffentlichkeit und sagen vor Publikum immer genau das

Richtige. Aber er lehrte uns, dass unser Gebet echt ist, wenn wir allein vor Gott stehen – wie wir dann mit ihm reden, wenn wir kein Gebetbuch haben und niemand zuhört.

Jesus lehrte seine Jünger auch **Schlichtheit** beim Beten. Er warnte sie: „Macht nicht viele Worte." Ich glaube, dass eines der größten Probleme in einem Kreis von Betern sein kann, dass es einige gibt, die beten können, und einige, die es nicht können – nämlich diejenigen, die nicht mehr aufhören zu reden! Ich erinnere mich an einen lieben Bruder in einem Gebetskreis, der sich zum Beten erhob und mit einem Fuß versehentlich auf den Gashahn unserer Gasheizung in einem der Gemeinderäume trat, und wir anfingen, es zu riechen. Er hörte nicht mehr auf zu beten. Ich fragte mich, ob er seinen Fuß irgendwann mal anheben und das Gas nicht mehr ausströmen würde. Als er schließlich „Amen" sagte sprangen wir alle auf und liefen zur Türe!

Jesus sagte: „Denkt nicht, dass ihr deshalb erhört werdet, weil ihr einen riesigen Berg langer Gebete aufhäuft. Das tun die Heiden, und ihr sollt nicht so sein wie sie." Danach brachte er ihnen ein Gebet bei, das nur eine Minute lang ist. Er lehrte, dass Schlichtheit genauso ein Schlüssel zum Beten ist wie Ernsthaftigkeit. Ein einfaches Gebet muss nicht in viele schöne Worte gekleidet sein – es braucht keine langen Ausschmückungen, frommen Prozessionen und würdevollen Requisiten.

Ich erinnere mich an Gordon Bailey, der ein eindrückliches Beispiel erzählte, als er über die Ernsthaftigkeit und Schlichtheit im Gebet sprach. Er sagte: „Können Sie sich einen kleinen Jungen vorstellen, der sich den Daumen in der Tür eingeklemmt hat und dann seinen Papa ruft, indem er sagt: ‚Oh Vater, mögest du doch eilends dich mir nahen, um mir zu helfen!'" Das kann man sich einfach nicht vorstellen. Wir sollten mit dem Herrn genauso sprechen wie mit unserem irdischen Vater – einfach und ehrlich.

Wir müssen auch mit **Demut** beten. Jesus erzählte dazu die Geschichte von zwei Männern, die beide hingingen, um zu beten. Dem einen ging es richtig gut dabei – denn er führte

Selbstgespräche. Darum hielt er es für ein großartiges Gebet, aber in diesem Gebet kam ständig das Pronomen „ich" vor. Er stand also vorne im Tempel und sagte: „Herr, ich danke dir, dass ich nicht so bin wie dieser andere Mann hier. Ich faste zweimal pro Woche; ich gebe den Zehnten von allem, was ich besitze." Er hatte eine tolle Gebetszeit mit sich selbst, sagt Jesus. Weiter kam sein Gebet nicht. Es reichte von seinem Kopf bis zu seinem Herzen und er war sehr zufrieden damit. Aber ganz hinten stand ein gebrochener Mann, der sich an die Brust schlug und sagte: „Gott, erbarme dich über mich, ich bin ein Sünder." Jesus sagte, dass der Mann ganz hinten derjenige war, den Gott an diesem Tag gehört hatte.

Beten Sie mit **Beharrlichkeit**. Bleiben Sie dran; klopfen Sie immer wieder an – das heißt nicht, dass wir lange Gebete sprechen sollen, sondern es bedeutet, dass wir oft beten sollen. Bitten Sie so lange, bis Sie durchgedrungen sind und Ihre Antwort erhalten haben.

Beten Sie mit **Intensität**. Wachen Sie und fasten Sie auch von Zeit zu Zeit. Nicht die Länge des Gebets ist entscheidend, sondern Jesus ist an der Tiefe unseres Gebets interessiert.

Beten Sie mit **Liebe für Ihren Nächsten**. Wie können Sie Gott bitten, Ihnen seine Liebe zu zeigen, wenn Sie nicht bereit sind, anderen seine Liebe zu zeigen? Wie kann er Ihnen vergeben, wenn Sie anderen nicht vergeben wollen? Das funktioniert einfach nicht. Der Kreislauf schließt sich nicht, es entsteht keine Verbindung. Nur wenn Sie Ihrem Bruder die Hand reichen, kann Gottes Kraft und Liebe in Ihr Leben strömen.

Beten Sie mit **Einmütigkeit**. Wenn zwei oder drei auf Erden sich einig sind, dann wird Gott sie hören und es Ihnen geben. Es ist keine schlechte Kontrolle für unsere Gebete, wenn wir andere bitten, mit uns für dasselbe Anliegen zu beten.

Er lehrte sie, wofür sie beten sollten
Jesus lehrte seine Jünger, für andere Menschen zu beten. Es ist

interessant, dass er vier Gruppen von Menschen erwähnt, für die wir beten sollten und lustigerweise vergessen wir oft, für diese zu beten. Die erste vergessen wir nicht so oft: er lehrte seine Jünger, für die Kranken zu beten, weil Gebet eine Heilungskraft ist – aber er lehrte sie auch, für die Besessenen zu beten, für diejenigen, die im Griff des Bösen gefangen gehalten werden. Beten Sie für solche Menschen? Drittens lehrte er die Jünger für Missionare zu beten, Arbeiter in der Ernte. Viertens sagte er „Betet für eure Feinde." Wie oft beten Sie für Ihre Feinde? Das ist eine besondere Kategorie von Menschen, für die Jesus uns auftrug zu beten, und er selbst war am Kreuz ein vollkommenes Vorbild für uns.

„Vater, vergib ihnen, denn sie wissen nicht, was sie tun." Stephanus war der erste, von dem wir aus der Schrift wissen, dass er dieses Gebet aufgegriffen hat und für seine Feinde betete, als sie ihn zu Tode steinigten. Jesus lehrte auch, dass wir für uns selbst beten sollen. Sie haben Bedürfnisse. Sie sollten also für solche praktischen Dinge wie Ihr tägliches Brot und Ihre Kleidung beten. Sie sollten um Vergebung bitten – das ist ebenfalls ein tägliches Bedürfnis. Sie sollten um Gottes Leitung bitten. Sie sollten beten, wenn Sie versucht werden. Sie sollten um die Kraft des Heiligen Geistes bitten. All diese Dinge sollten Sie für sich selbst bitten. Ich wüsste nicht, dass er uns jemals gesagt hat, wir sollen für unsere Sicherheit, Trost oder sogar für unsere Verwandten bitten – obwohl ich auch keinen Grund dafür kenne, warum wir es nicht sollten. Ich möchte hier nur die Bereiche hervorheben, von denen er klar gesagt hat, wir sollen für sie beten. Wir sollten darauf achten, diese Bereiche in unsere Gebete mit einzuschließen.

Jesus lehrte seine Jünger auch, um Gottes willen zu beten. Es gibt auch Dinge, die er will. Er will, dass sein Name geheiligt wird. Er will, dass sein Wille geschieht. Er will, dass sein Reich kommt. Beten Sie für all das. Sie können jeweils eine Liste erstellen, die alles beinhaltet, von dem der Herr uns gelehrt hat, dass wir in diesen Bereichen um unsertwillen beten sollen, für andere und für Gott. Daraus ergibt sich schon eine recht lange Liste. Die wichtigste Lehre, die es in Bezug auf das christliche Gebet gibt, stammt von Jesus selbst und ich empfehle Ihnen: lesen Sie in einer Ausgabe des Neuen Testamentes seine ganze Lehre durch und unterstreichen Sie alles, was er über Gebet sagt, mit derselben Farbe. Sie werden eine Menge lernen.

Für das christliche Gebet haben wir nicht nur die Lehre Jesu, sondern auch sein Vorbild. Er praktizierte, was er predigte. Ich bin nicht sicher, ob ich das Wort „Vorbild" in diesem Zusammenhang mag, denn ich denke nicht, dass Jesus betete, um uns ein Vorbild zu sein – ich denke, dass er betete, weil er es brauchte. Aber er ist ein hervorragendes Vorbild. Also habe ich mir das Leben Jesu angeschaut um herauszufinden, ob ich eine bestimmte Vorgehensweise entdecken würde, und ich habe entdeckt, dass es tatsächlich kein Schema im Gebetsleben Jesu gibt. Er ging zwar jeden Sabbat gewohnheitsmäßig in die Synagoge. Aber nirgendwo steht, dass er zu einer bestimmten Tageszeit regelmäßig gebetet hat. Ich fing an mich zu fragen, wann er überhaupt betete. Und ich entdeckte, dass es bestimmte Gelegenheiten gab, bei denen Jesus betete. Im Folgenden erläutere ich einige davon.

Wenn er sich in einem schweren Konflikt befand oder eine Entscheidung treffen musste, betete er. Als er zwölf Apostel auswählen sollte, verbrachte er die ganze Nacht damit, dafür zu beten. Das bedeutet nicht, dass er jede Nacht und die ganze Nacht mit Beten verbrachte, aber es war eine große Entscheidung, die er treffen musste, und so betete er. Ich habe festgestellt, dass er in allen Krisen und wichtigen Momenten seines Lebens betete: bei seiner Taufe, bei seiner Verherrlichung, vor seinem Tod am Kreuz.

Ich habe auch festgestellt, dass er immer betete, wenn er voller Emotion war, ob es nun Emotionen großer Freude oder tiefen Schmerzes waren, ob er sich auf etwas freute, sich ärgerte oder ängstigte. Er betete immer dann, wenn die Gefühle ihn ausfüllten – egal um welche es sich dabei handelte. Das ist also ein guter Hinweis fürs Gebet: Wenn Sie voller Emotionen sind, beten Sie dafür, dass Gott Ihnen hilft, mit ihnen richtig umzugehen.

Kennen Sie die Stelle, an der die Jünger zurückkehren und berichten: „Sogar die Dämonen sind uns untertan!" – und dabei hat er sich so für sie gefreut, war begeistert und voller Freude. Er wandelte seine Freude innerhalb eines Augenblicks in ein Gebet um und sagte: „Vater, ich danke dir, dass du dies vor den Weisen verborgen und es den kleinen Kindern und Säuglingen offenbart hast." Er war so voller Freude, dass er einfach beten musste.

Er lernte also, seine Emotionen im Gebet zu beherrschen und seine Gefühle im Gebet direkt an Gott abzugeben. Das ist eine Verhaltensweise, der wir gut folgen können, ob wir uns nun auf dem Gipfel befinden oder im tiefsten Tal.

Als Nächstes habe ich festgestellt, dass er vor allem dann betete, wenn eine Menschenmenge um ihn herum war oder er sehr viel zu tun hatte. Wenn viele Dinge auf ihn einstürmten, nahm er sich einen Augenblick Zeit und betete für diese Situation.

Dann habe ich bemerkt, dass er fast immer betete, wenn er im Begriff war, ein Wunder zu vollbringen, wenn ihm eine ungeheuerliche Not entgegenschlug, wenn er wusste, dass Kraft von ihm ausgehen würde und er die Versorgung mit himmlischen Ressourcen benötigte. Er betete, bevor er die Situation in Angriff nahm.

Vermittle ich Ihnen hier nur ein Schema, nach dem Sie beten können? Es ist kein Schema, bei dem man den morgendlichen Wecker stellt, sondern echtes Beten aufgrund echter Nöte, echter Situationen, echter Gefühle – es ist ein Lebensstil, und den kann ich in seinem Leben erkennen.

Es geht um ein Leben in der Gegenwart Gottes und nicht um das Beherrschen der richtigen Technik. Manchmal betete er früh am Morgen, manchmal spät in der Nacht, manchmal die ganze Nacht, aber sein Gebet hing mit seinem Leben zusammen und war gänzlich real.

Wenn ich frage „Wo hat er gebetet?", stelle ich fest, dass er sich, wann immer es ihm möglich war, von den Menschen zurückzog, und da er kein eigenes Zuhause besaß, hatte er auch kein eigenes Zimmer, also nutzte Jesus immer wieder die freie Natur. Darf ich Ihnen vorschlagen, wenn Sie das Problem haben, dass Ihnen die Familie immer wieder einen Strich durch die Rechnung macht oder Sie eine Wohnung mit anderen teilen und einfach keine Zeit für sich finden, dass Sie einfach draußen mit Jesus spazieren gehen? Handeln Sie wie er und gehen Sie einfach weg.

In den Tagen, als er im Fleisch lebte, sagt die Bibel, dass Jesus Gebete und Fürbitten mit lautem Schreien und unter Tränen darbrachte und dass er erhört wurde, weil er Gott fürchtete.

Warum betete er? Er betete um anderer Menschen willen. Er sagte: „Herr, um ihretwillen, damit sie glauben, dass du es bist, der wirkt, tue ich es zu deiner Ehre. Ich bete um ihretwillen." Er sagte auch: „Ich bete um euretwillen." Aber ich glaube, dass Jesus vor allem um seinetwillen betete und wenn er es damals nötig hatte zu beten, dann wäre es vermessen, wenn irgendjemand von uns meinte, er bräuchte das nicht zu tun. Also betete Jesus. Wo? Wann? Warum? Die Antworten auf diese Fragen erhalten wir aus der Schrift. Ich lege Ihnen das Gebet aus dem Johannesevangelium Kapitel 17 ans Herz. Es ist das wunderbarste Gebet, das Sie je gehört haben und es ist das einzige vollständige Gebet Jesu, das wir besitzen. Er hat darin nur zwei Anliegen: die Ehre seines Vaters und das Wachstum derer, die ihm nachfolgen. Was für ein Gebet! Es ist voller Bitten und es wurde von einem Mann niedergeschrieben, der sich sechzig Jahre später noch lebhaft an jedes Wort dieses Gebets erinnerte, als Jesus für die Verherrlichung seines Vaters betete und für das Wachstum seiner Jünger – das sind wirklich zwei großartige Themen, für die man beten kann.

Wir haben aber nicht nur Jesu *Lehre* und sein *Vorbild*, sondern haben drittens auch sein *Blut*, und wie dringend haben wir das nötig! Ich möchte Ihnen gerne eine Illustration aus meinem häuslichen Umfeld geben.

Manchmal werkle ich an meinem Auto herum. Ich liebe es, mit meinen Händen zu arbeiten und es ist für mich regelrecht therapeutisch, wenn ich es tue. Am Schluss bin ich meist ölverschmiert und dreckig und merke dann plötzlich, dass ich noch irgendeine Schraube oder einen Bolzen brauche. Was mache ich also? Ich klopfe an die Küchentür und frage: „Du hast nicht etwa vor, noch einkaufen zu gehen, oder?"

„Warum?"

„Na ja, schließlich kann ich so ja nicht gehen. Ich muss mich erst lange umziehen, um dann in die Stadt zu fahren. Außerdem bin ich einfach zu schmutzig, um irgendeinen Laden zu betreten und das zu holen, was ich brauche." Es ist eine ganz einfache und ein bisschen banale Illustration. Aber haben Sie sich schon mal so gefühlt? Sie sind einfach nicht in der richtigen Verfassung, um etwas von Gott zu erbitten. Haben Sie sich schon zu schmutzig und zu unordentlich gefühlt? Wie sollen Sie so in seine Gegenwart kommen und beten? *Wer darf auf den Berg des Herrn steigen – wer unschuldige Hände und ein reines Herz hat.* Wie komme ich dahin? Es gibt einen ganz einfachen Weg. Jemand nannte diesen Text einmal die „Seife für Christen": Das Blut Jesu reinigt uns von jeder Sünde. Wenn Sie also beten wollen, wie wäre es dann damit, erst einmal Ihre Hände und Ihr Herz im Blut Jesu zu waschen?

Ich kenne einen pensionierten Offizier, der immer ins Bad geht und sich die Hände wäscht, bevor er in der Bibel liest. Das hat mich sehr berührt, obwohl ich Ihnen nicht empfehlen will, es ihm gleichzutun. Diese Handlung entsprang einfach seinem Bedürfnis, rein zu sein, wenn er zu Gott kam. Es ist aber ganz einfach. Sie haben das Blut Jesu, und darum können Sie es wagen, direkt in seine Gegenwart zu treten – und zwar ganz rein, und das meine ich wörtlich. Denn wenn wir unsere Sünden bekennen, dann ist er treu und gerecht und vergibt uns – und das Blut Jesu reinigt uns. So können Sie rein werden.

Aber es geht noch weiter. Sie treten in einen Bereich ein, in dem Sie dem Bösen begegnen. Sie betreten mit Ihrem Gebet himmlische Örter. Viele Menschen verstehen nicht, dass Satan sich nicht unten in der Hölle befindet, sondern an einem himmlischen Ort. In Epheser 6 wird uns das gesagt. Sobald Sie an himmlische Örter vordringen, werden Sie auch etwas Böses dort spüren und mitten in einen Kampf hineingeraten – denn im Gebet treten wir an die Frontlinie des Kampfes. Was wollen Sie also tun? Genau an dieser Stelle brauchen wir wieder das Blut Jesu. Denn keine Kraft ist wirksamer gegen das Böse als das Blut Jesu – nichts ist so mächtig gegen das Böse als sich auf das Blut Jesu zu berufen. Also haben Sie das Blut, um rein zu werden und um das Böse von Ihnen fernzuhalten, während Sie beten und den Kampf ausfechten. Das ist etwas, was keine andere Religion Ihnen bieten könnte, weil keine andere Religion das Blut Jesu hat.

Viertens haben Sie die *Fürbitte* Jesu. An Christi Himmelfahrt erinnern wir uns an eines der unglaublichsten Geschehnisse. Man sagt ja, und es ist durch viele Lexika bestätigt, dass Yuri Gagarin der erste Mensch im All gewesen sei – Quatsch! Henoch war wahrscheinlich der erste, Elia kam ganz bestimmt nach ihm und Yuri Gagarin war niemals im All. Er musste sich mit einem Stückchen Erde umgeben und genügend Erdatmosphäre und Nahrung mit sich führen, um dorthin zu kommen.

Aber ich sage Ihnen, dass Jesus Christus bei seiner Himmelfahrt – und ich stand genau an dieser Stelle auf dem Ölberg – einfach in das Weltall hinausgetreten ist, so leicht wie es für mich ist, diese Worte hier niederzuschreiben, und er stieg hinauf in das Weltall und bis in den höchsten Himmel und setzte sich in den Kontrollraum des Universums – und da sitzt er auch heute noch. Was tut er da, abgesehen davon, dass er alles, was geschieht, überwacht, und abgesehen davon, dass alle Regierungen in seiner Hand sind, und abgesehen davon, dass ihm alle Autorität und Macht im Himmel und auf Erden gegeben ist? Er betet für Sie – und wenn niemand sonst für Sie betet – er tut es. Finden Sie das nicht toll? Wenn Sie beten, dann vereinigt sich Ihr Gebet mit seinem. Er betet ja die ganze Zeit. Er bittet immer für Sie. Er tat es schon auf der Erde. Er sagte: *„Simon, Simon, ich habe für dich gebetet, dass Satan deiner nicht habhaft wird."* Meinen

Durch den Sohn beten

Sie, er hätte aufgehört, für Simon zu beten, als er in den Himmel zurückkehrte? Weit gefehlt, er betete einfach weiter. Weil er lebt, um in der Fürbitte zu stehen, haben Sie immer jemanden, der für Sie betet, Sie brauchen sich also niemals vergessen zu fühlen. Wenn Sie Christ sind, dann bittet Christus für Sie; er vergisst keinen seiner Jünger und darauf können wir uns verlassen.

Zwei Dinge möchte ich hier noch anmerken. Das erste ist sein Erbarmen. Er betet mit ungeheurem Erbarmen für uns. Warum? Weil er Mensch war und ist. Einmal kam eine nette römisch-katholische Dame zu einem unserer Gottesdienste. Wir unterhielten uns angeregt und ich fragte sie: „Warum beten Sie zu Maria?", und sie antwortete ganz schlicht und ernsthaft: „Weil sie ein Mensch ist." Aber Jesus ist auch Mensch und er versteht uns. Nur wenn wir seine Göttlichkeit betonen und vergessen, dass er immer noch Mensch ist – und Christen vergessen das häufig –, müssen wir anfangen, uns nach jemand anderem im Himmel umzuschauen, der Mensch ist, damit wir das Gefühl haben, dass wir verstanden werden, wenn wir beten.

Ich bete nicht zu Maria – ich muss das nicht. Ich bete zu Jesus, denn er ist Mensch und versteht mich. Er wurde versucht, genau wie ich und hat ungeheuer viel Mitleid mit uns.

Einer meiner Freunde führte einmal eine Veranstaltung in einer Methodistengemeinde in Australien durch. Er lud am Ende jeden ein nach vorne zu kommen, der eine Not hatte, und sich in der Abendmahlsreihe niederzuknien und Jesus zu bitten, dieser Not abzuhelfen. Eine kleine Nonne in einem schwarz-weißen Habit kam nach vorne und sagte Folgendes: „Herr Jesus, erfülle mich mit deinem Heiligen Geist, und wenn du es nicht tust, dann sage ich es deiner Mutter!" Das war ein Gebet! Ich kann Ihnen versichern, dass sie nicht mehr mit seiner Mutter sprechen musste, denn Jesus antwortete ihr auf der Stelle und erfüllte sie überströmend mit seinem Geist, direkt und sofort.

Jesus leidet mit. Wir brauchen niemanden sonst im Himmel. Wir brauchen keine Heiligen, wir brauchen niemanden sonst.

Wir haben einen Hohenpriester, der unsere Schwächen kennt und versteht, was wir durchmachen, weil er es selbst auch durchgemacht hat – und zwar das Schlimmste, was Sie sich vorstellen können, hat er durchgemacht. Was für ein Privileg ist es doch, einen solchen Hohenpriester zu haben, der voller Mitleid mit uns ist und für uns eintritt! Er steht sozusagen auf unserer Seite, aber er steht auch auf Gottes Seite. Es gibt nur einen Mittler zwischen Gott und dem Menschen – den Menschen Jesus Christus – und im Kontrollraum des Universums befindet sich jetzt dieser Mensch – Jesus Christus – und bittet für uns.

Daher kann er die auch völlig erretten, die sich durch ihn Gott nahen, weil er immer lebt, um sich für sie zu verwenden (Hebräer 7,25).

Christus Jesus ist es, der gestorben, ja noch mehr, der auferweckt, der auch zur Rechten Gottes ist, der sich auch für uns verwendet (Römer 8,34).

Meine Kinder, ich schreibe euch dies, damit ihr nicht sündigt; und wenn jemand sündigt – wir haben einen Beistand bei dem Vater: Jesus Christus, den Gerechten (1.Johannes 2,1).

So steht es bei jedem Verfasser im Neuen Testament. Außerdem gibt es Lieder wie den englischen Choral „Jesus, der Gekreuzigte, tritt für mich ein ..." von William John Sparrow Simpson, der unseren Fürsprecher nicht treffender besingen könnte.

Aber das christliche Gebet zeichnet sich noch durch eine weitere Eigenschaft aus, die sonst keines hat. *Eine* Nacht in der Weltgeschichte hat das Gebet für immer verändert. Es war die Nacht bevor Jesus starb. Fünfmal in dieser Nacht sagte er etwas über das Beten, das die Art und Weise verändert hat, wie Millionen von Menschen seither beten. Nie zuvor hatte es diese Aussage gegeben, auch nicht in den drei Jahren seines Dienstes. Er sagte:

„Und was ihr bitten werdet in meinem Namen, das werde ich tun, damit der Vater verherrlicht werde im Sohn. Wenn ihr mich etwas bitten werdet in meinem Namen, so werde ich es tun." (Johannes 14,13.14)

„Wenn ihr in mir bleibt und meine Worte in euch bleiben, so werdet ihr bitten, was ihr wollt, und es wird euch geschehen." (15,7)

„Ihr habt nicht mich erwählt, sondern ich habe euch erwählt und euch dazu bestimmt, dass ihr hingeht und Frucht bringt und eure Frucht bleibe, damit, was ihr den Vater bitten werdet in meinem Namen, er euch gebe." (15,16)

„Wenn es so weit ist, werdet ihr mich um nichts mehr bitten müssen. Ich versichere euch: Dann könnt ihr selbst zum Vater gehen und ihn bitten, und er wird eure Bitte erfüllen, weil ihr in meinem Namen bittet. Bis jetzt habt ihr das nicht getan. Bittet in meinem Namen, und ihr werdet empfangen, dann wird eure Freude vollkommen sein." (16,23+24, Neues Leben)

Er hatte sie gelehrt zu beten, aber so etwas hatte er nie zuvor gesagt. In der Nacht bevor er starb, lehrte er sie, dass es von nun an etwas Neues in ihrem Gebetsleben geben würde. Von nun an würden sie seinen Namen gebrauchen. Was meinte er damit? Leider meinen wir oft, er hätte uns nur ein paar Etiketten mit dem Namen „Jesus" darauf gegeben, oder mit der Floskel „durch Jesus Christus unseren Herrn", damit wir sie an unsere Gebete anhängen und jeder weiß, dass wir jetzt fertig sind – als wären es Adressaufkleber für ein Päckchen. Aber das ist nicht, was er damit gemeint hat!

Ich denke, ich kann es am besten erklären, indem ich Ihnen zwei typische Verwendungszwecke von Namen erkläre. Es wird Ihnen helfen, das Ganze wirklich zu verstehen. Zunächst einmal stellen Sie sich vor, dass ich Ihnen mein Scheckbuch unter die Nase halte. Im Moment wäre der Scheck gedeckt, wenn ich Ihnen einen ausstellen würde. Dieses Stück Papier ist wertlos, es sei denn, es steht ein bestimmter Name darauf. Ich möchte, dass Sie sich noch zwei weitere Dinge vorstellen. Stellen Sie sich erstens vor, zu meinem Namen gehörte ein überzogenes Bankkonto und ich hätte einen Brief von meinem Filialleiter bekommen, in dem er mir erklärt, dass mein Kreditrahmen ausgeschöpft ist und ich kein weiteres Geld mehr bekomme. Sie könnten dann trotz meines Namens und meiner Unterschrift diesen Scheck nicht einlösen. Es hängt davon ab, wie hoch der Kreditrahmen ist, der hinter einem Namen steht, nicht wahr? Da meine Kreditwürdigkeit im Moment in Ordnung ist, könnte ich zu Ihnen sagen, nachdem ich erfahren habe, dass Sie in Not sind: „Okay, ich werde Ihnen einen Scheck geben. Ich unterschreibe mit meinem Namen und Sie tragen die Zahl ein. Nehmen Sie ihn, Sie werden Ihr Geld bekommen und alle Schulden begleichen können." Ein Scheck nützt aber gar nichts, wenn darauf kein Name steht, der kreditwürdig ist.

Ich möchte jetzt, dass Sie dieses Beispiel auf die himmlische Bank anwenden. Es ist ganz einfach so, dass es keinen einzigen Namen gibt, der in der Himmelsbank einen Kreditrahmen besitzt – außer dem Namen Jesus. Keinem sonst wird Kredit gewährt, jeder andere hat sein Konto im Himmel total überzogen.

„Vergib uns unsere Schulden." Sie stehen bei Gott in der Schuld. Sie haben mehr von seiner Güte in Anspruch genommen als er jemals von Ihnen empfangen wird. Ihr Gebet mit ihrem Namen wird nichts ausrichten, weil Ihr Kreditrahmen überschritten ist. Ihr Name wurde doppelt durchgestrichen. Aber es gibt einen, dessen Kreditwürdigkeit ist unbelastet: alles gehört Jesus – alles! Alles wird bei ihm im Plus verbucht zu seiner Ehre, Silber und Gold sind sein, alles Vieh auf den Bergen gehört ihm, und seine „Kreditwürdigkeit" ist tadellos. „Wenn ihr in meinem Namen bittet" – bzw. mit meiner Unterschrift, dann wird der Scheck akzeptiert. Ich bekomme Kredit bei der Himmelsbank – dort lagern alle Schätze – und wenn ihr meinen Namen gebraucht, dann werdet ihr bekommen, worum ihr bittet. Das ist ein fantastisches Versprechen. Heißt das, Jesus hat mir ein Buch mit Blankoschecks gegeben, die alle mit seinem Namen unterschrieben und abgestempelt sind? Kann ich einfach ausfüllen, was ich möchte und brauche ich den Scheck nur einzureichen? Nein, das bedeutet es nicht. Darum funktioniert es auch nicht so, und wenn Sie es wirklich ausprobiert hätten, dann hätten Sie das auch gemerkt.

Vor vielen Jahren, als die UdSSR auf ihr Ende zusteuerte, wurde eine Petition mit 300.000 Unterschriften bei der sowjetischen Botschaft eingereicht, und zwar von einem britischen Parlamentarier namens Michael Alison. Diese Petition mit rund einer Drittel Million Unterschriften wurde von der Botschaft zurückgewiesen. Sie wurde abgewiesen und nicht einer dieser Namen konnte erreichen, dass die Petition durchgelassen wurde. Aber stellen Sie sich einen Moment lang vor, ganz oben auf der Petition hätte ein einziger Name gestanden – Breschnew, der damalige sowjetische Regierungschef. Man hätte die anderen Namen alle nicht gebraucht. Dieser eine Name hätte genügt und die Petition wäre sofort weitergeleitet worden! Der Name Jesu ist keine Unterschrift, die auf einem Blankoscheckbuch bereits geleistet worden wäre, sondern eine Unterschrift, um die Sie für Ihre Petition ersuchen müssen.

Was bedeutet es also, in Jesu Namen zu beten? Es bedeutet, dass wir mit einer Petition kommen und ihn fragen: „Jesus, wirst du sie unterschreiben?" Sie brauchen nur einen einzigen Namen auf Ihrer Petition und sie wird akzeptiert werden, aber es muss eine Petition sein, die er gerne mit seinem Namen unterschreiben möchte. Wenn diese zu seinem Vater weitergeleitet wird, mit seinem Namen darauf, dann brauchen Sie keine weiteren Namen.

„Was immer ihr bittet in meinem Namen." – Können Sie Jesus dazu bewegen, Ihre Petition zu unterschreiben?

Es gibt ein paar Petitionen, die Jesus unmöglich unterschreiben konnte. Jakobus und Johannes waren Brüder und beide Fischer. Sie hatten eine Petition, die sie an Gott richten wollten und kamen zu Jesus, damit er sie unterschreibe. Sie sagten: Wenn die Herrschaft Gottes anbricht, wollen wir auf den beiden Thronen zu deiner Rechten und zu deiner Linken sitzen. Jesus konnte diese Petition nicht unterschreiben und weitergeben. Sie konnten dafür also nicht in Jesu Namen bitten und ihre Petition wurde nicht an Gott weitergeleitet. Wenn wir also in seinem Namen beten, müssen wir innehalten und fragen: „Jesus, könntest du das unterschreiben, worum ich hier bitte? Dein Name ist der einzige, der dafür sorgen kann, dass ich vorgelassen werde." Jesus lehrt uns: Wenn ihr meine Unterschrift bekommen könnt, dann wird es auch passieren.

Das ist sowohl das Problem als auch das Privileg des christlichen Gebets. Wenn wir seinen Namen auf unserer Petition stehen haben, bekommen wir das Erbetene. Es gibt viele Petitionen, die er liebend gerne unterschreiben würde, wenn wir nur zu ihm kommen würden. Es gibt viele Gebete, die er gerne weiterleiten würde, wenn wir darum bäten. Es gibt aber auch andere Gebete, da wird er zu Ihnen sagen: „Ich kann das nicht unterschreiben." Es kam sogar einmal vor, dass er selbst versucht wurde, eine Petition für sich selbst einzulegen, aber er merkte, dass er sie nicht selbst unterschreiben konnte. Er sagte: *„Vater, wenn es möglich ist, dann lass diesen Kelch an mir vorübergehen."* Aber dann erkannte er, dass er seinen Namen nicht unter dieses Gebet setzen konnte, also radierte er es aus und formulierte ein anderes Gebet: *„Trotzdem soll nicht mein Wille geschehen, sondern deiner."* Er setzte seinen Namen darunter und Gott erhörte ihn und führte seinen Willen durch Jesus aus.

Wir beten im Namen Jesu, aber das ist kein Automatismus. Der Vater kann zur Unterschrift Jesu auf einer Petition nicht nein sagen, und darum beten wir durch Jesus zum Vater. Jemand hat einmal zu mir gesagt: „Aber ich fühle mich ein Stückchen weiter weg von Gott, wenn ich durch Jesus zum Vater bete." Nein, das Gegenteil ist der Fall. Wenn Sie durch Jesus beten, werden Sie sich Gott näher fühlen als je zuvor, weil Sie seinen Namen gebraucht haben. Warum? Jesus ist Gott. Darum können Sie zu ihm beten, und darum kamen die Menschen schon immer zu ihm und beteten ihn an und er nahm ihre Anbetung an – weil er Gott ist. Wenn ich also durch Jesus bete, bete ich nicht nur durch einen mitfühlenden Menschen, ich bete auch durch den Sohn Gottes und bete damit zu Gott selbst.

Das christliche Gebet geht also durch Jesus zum Vater. Es setzt seinen Namen ein, sein Blut, seine Fürbitte, seine Lehre, sein Vorbild. Es ist ein *christ*-liches Gebet. Christus ist das Zentrum des Gebets, darum darf ich kommen und sagen: „Vater, du bist Jesu Vater, und durch ihn bist du auch meiner." Denn kein Mensch kommt zum Vater außer durch Jesus, und ich bin angekommen. Ich kommuniziere mit Gott. Manche Menschen sagen: „Es fällt mir schwer, mir Gott vorzustellen; ich habe damit einfach Probleme. Ich weiß, Sie haben uns gesagt, dass wir Papa sagen dürfen, aber ich kann mir seinen Gesichtsausdruck nicht vorstellen. Wie machen Sie das?" Die Antwort lautet: Fangen Sie damit an, mit Jesus zu reden. Bitten Sie ihn, dass er Sie seinem Papa vorstellt, und warten Sie ab, was passiert. Sagen Sie nicht gleich „Gott", sondern sagen Sie „Jesus". Und sagen Sie: „Jesus, kannst du mich zu deinem Papa bringen und deine Unterschrift auf diese Petition setzen?"

Kapitel 3

IM GEIST BETEN

Die Bibel sagt nirgendwo, dass Gebet einfach wäre, weil es nichts Natürliches ist. Es ist für uns natürlich, wenn es sich um einen Notfall handelt, aber im normalen, regulären Leben, wenn alles glatt läuft, ist es etwas Unnatürliches, es geht gegen unser Fleisch. Ein passender Vers zu diesem Thema wäre eigentlich: *„Denn wir wissen nicht wie wir beten sollen ..."*. Wir versuchen es und erkennen dann, wie wenig wir wissen. Wenn Sie es allerdings noch nicht ausprobiert haben, dann denken Sie vielleicht, dass Sie beten können, aber wenn Sie es schon ernsthaft versucht haben, dann wissen Sie, dass Sie es nicht können. Wir brauchen Hilfe. In den Tagen, als Jesus im Fleisch war, konnten die Menschen direkt zu ihm gehen und um Hilfe bitten. Sie konnten ihn ansprechen:
„Herr, lehre uns, wie wir beten sollen, wir brauchen Hilfe." Als Jesus die Erde verließ, sagte er noch zu seinen Jüngern: „Es ist besser für euch, wenn ich weggehe, denn dann wird ein anderer an meiner Stelle kommen und dieser wird euch mehr helfen als ich es kann." Er sandte den Heiligen Geist und etwas, was der Heilige Geist tut, ist, dass er Ihnen an dem Punkt hilft, an dem Sie es am nötigsten haben – und das ist beim Beten.

Wir wissen nicht, wie wir beten sollen, aber die nächsten Worte in diesem Vers lauten: *Aber der Geist nimmt sich unserer Schwachheit an.* Was könnte erfreulicher sein?

Erkennen Sie, dass Gott nicht will, dass Sie damit zu kämpfen haben, sondern dass er Ihnen helfen will? Der Vater will helfen, indem er immer zuhört, der Sohn will helfen, indem er immer für Sie betet und Ihre Petitionen unterzeichnet, aber dabei hört die Hilfe noch nicht auf – der Heilige Geist will am anderen Ende helfen, indem er unser Gebet überhaupt in Gang bringt. Was könnten Sie sich denn noch wünschen, wo doch der Heilige Geist in uns betet, Jesus nur darauf wartet, es aufzunehmen und weiterzugeben, und der Vater nur darauf wartet, es entgegenzunehmen? Ein Christ hat alle Hilfe, die er sich nur wünschen kann, wenn er sie in Anspruch nimmt.

Die Präpositionen, die wir benutzen, sind sehr wichtig: wir beten *zum* Vater, *durch* den Sohn, *im* Geist, *gegen* den Teufel und *mit* den Heiligen.

Wie betet man im Geist? Hier noch zwei weitere Texte. In Epheser 6,18, der Vers, der auf den Abschnitt über die Waffenrüstung Gottes folgt, heißt es: *Mit allem Gebet und Flehen betet zu jeder Zeit im Geist*. Hierbei geht es nicht einfach um Gebet, es ist etwas, was mit Gebet und Flehen zusammen stattfindet. *Im Geist* zu beten ist also eine Dimension, die zu unseren Gebeten und zu unserem Flehen hinzukommt. Vielleicht sind Sie in Ihrem Gebetsleben noch nie weitergekommen als bis zu „allem Gebet und Flehen", aber jetzt reden wir über eine zusätzliche Dimension des Betens im Geist mit allem Gebet, oder anders gesagt legen wir eine neue Dimension in jedes andere Gebet. Im kurzen, aber faszinierenden Judasbrief, ein für die heutige Zeit sehr relevanter Brief, heißt es: *Betet im Heiligen Geist*. Tatsächlich ist es wichtiger, im Geist zu beten als im Schlafzimmer, der Kirche oder sonst wo. Der beste Ort zum Beten ist im Heiligen Geist. Es ist ein sofort zugänglicher Ort, wo immer wir uns auch befinden: sei es im Büro, beim Autofahren, egal wo. Das ist die Sphäre des Gebets. Es spielt nicht wirklich eine Rolle, in welchem Gebäude wir uns befinden, dafür aber, in welcher Sphäre wir uns befinden – Beten im Geist.

Ich habe schon viele der Schwierigkeiten erwähnt, denen wir beim Beten begegnen. Es besteht die Schwierigkeit, mit jemandem zu sprechen, den wir nicht sehen, hören oder berühren können; die Schwierigkeit zu wissen, was wir sagen sollen, wenn wir merken, dass wir durchdringen; die Schwierigkeit, dass das, worum wir bitten möchten vielleicht nicht das ist, was wir brauchen, oder sogar schädlich für uns ist; und dann gibt es da noch das Problem, dass unsere Gedanken abschweifen. Wir können eine lange Liste mit Problemen anfertigen, aber eines der grundlegendsten Dinge ist, dass wir nicht wissen, was wir sagen sollen. Als die Jünger sagten: *„Herr, lehre uns beten"*, meinten sie damit: Herr, bringe uns ein Gebet bei. Gibst du uns vorformulierte Worte? Stellst du für uns ein Gebet zusammen, denn wenn wir durchdringen, wissen wir wirklich nicht, was wir sagen sollen; wir wissen nicht, wie wir die Sätze aneinanderfügen sollen. Das Vaterunser war eine Antwort auf diese Bitte.

Was sollen wir also sagen? Im Nahen Osten war es früher üblich, dass man selbst dann, wenn man wusste, was man jemandem mitteilen und wie man einen Brief verfassen wollte, auf die Straße hinaus an die nächste Ecke ging, wo ein kleiner Mann an einem kleinen Stand mit Tintenfass und Füllhalter saß – ein faszinierender Charakter, der „Briefschreiber". Er hat ein wenig Papier, nimmt den Füllhalter, Sie diktieren ihm Ihren Text in ein Ohr hinein, und er schreibt es für Sie auf. Der Briefschreiber bietet vielleicht noch an: „Wenn Sie nicht wissen, wie Sie es formulieren sollen, dann sagen Sie mir einfach, was Sie sagen wollen und ich werde es für Sie aufschreiben und abschicken." Wenn wir es so wollen, dann ist der Heilige Geist der Briefschreiber Gottes. Er nimmt, was wir sagen wollen und nicht formulieren oder ausdrücken können und schreibt es für uns auf und schickt es ab, was einfach herrlich ist – einen eingebauten Briefschreiber zu haben, der immer für uns da ist.

Nun gibt es beim Beten im Geist noch zwei unterschiedliche Aspekte, die ich für Sie gerne definieren möchte. Es gibt ein Beten im Geist, da übernimmt er Ihren Verstand und gibt Ihnen die richtigen Gedanken, aber sie auszudrücken ist dann Ihre Verantwortung. Das ist *eine* Art des Betens im Geist – wenn Sie etwas beten, was er Ihnen eingegeben hat. Es gibt noch eine andere Form des Betens im Geist, bei der er Ihren Verstand überhaupt nicht gebraucht, sondern die Kontrolle über Ihren Mund übernimmt und Sie haben die Verantwortung, Ihren Mund und Ihre Zunge zu bewegen. Aber in diesem Fall besteht Ihre Kooperation einfach darin, Ihren Mund zu gebrauchen. Im einen Fall ist es der Geist, der auf Ihren Verstand einwirkt und Ihre Verantwortung besteht darin, die Übersetzung „Verstand – Mund" sicherzustellen. Im anderen Fall besteht Ihre Verantwortung darin, Ihren Verstand zu vergessen und ihm Ihren Mund zu überlassen und ihn zu benutzen. Die zweite Art des Betens ist für manche Menschen äußerst schwierig, aber wenn sie diese erst einmal erlernt haben, ist es eine sehr schöne Art zu beten. Beide Arten sind Beten im Geist.

Wenn man nicht im Geist betet, dann heißt beten einfach Gott sagen, was man zu wollen meint, oder was man in einer Situation zu benötigen meint – es kommt aus den eigenen Gedanken und aus dem eigenen Mund. Dies kann man dann durch Jesus dem Vater darbringen.

Aber in beiden Fällen bedeutet im Geist zu beten, dass er Ihnen die richtigen Gedanken gibt, die Sie ausdrücken, oder dass er an Ihrem Verstand vorbeigeht und Ihnen die entsprechenden Worte gibt. Er betet nicht *für* Sie – es heißt, dass er uns in unserer Schwachheit *hilft*, aber dort steht nicht, dass er einfach alles übernimmt und es für uns tut.

Viele Menschen haben ein großes Problem, wenn es um das Beten im Geist geht. Eine nette Dame sagte einmal zu mir: „Ich bete schon länger für die Gabe, in anderen Sprachen beten zu können." Ich antwortete: „Was haben Sie seither denn unternommen?" Sie entgegnete: „Tja, ich habe mich an meinem Bett niedergekniet und lange gebetet, dann habe ich meinen Mund geöffnet. Ich habe einfach darauf gewartet, dass etwas kommt, aber es ist noch nie etwas passiert." Das ist keine Überraschung. Wenn Sie schon auf diese Weise gebetet haben, dann verstehen Sie ganz genau, warum noch nie etwas passiert ist. Der Heilige Geist betet nicht *für* uns, er *hilft* uns, ja er betet vielmehr mit uns und wir müssen mit ihm zusammenarbeiten, wenn wir im Geist beten wollen. Die griechischen Präpositionen, die im Römerbrief Kapitel 8 verwendet werden, wo es heißt, dass wir nicht wissen, wie wir beten sollen, der Geist uns aber in unserer Schwachheit hilft, sagen uns, dass er uns nicht *aus* der Schwachheit heraushilft, sondern uns *in* und *mit* unserer Schwachheit hilft und uns befähigt, sie zu überwinden. Das ist die wunderbare Rolle, die er übernimmt.

Nun wollen wir uns ansehen, wie der Heilige Geist Einfluss auf unsere Gedanken nimmt – ich möchte es mentales Gebet oder „Gebet des Verstandes" nennen. Dabei ist unser Verstand voll involviert durch bewusste Gedanken, die der Heilige Geist auf irgendeine Weise eingegeben hat, sei es durch einen Eindruck, eine Last oder eine Erinnerung, oder durch bestimmte Umstände. Aber es ist der Herr selbst, der Heilige Geist, der Ihrem Verstand eingegeben hat, wofür Sie beten sollen. Wenn Sie nicht wissen, wofür Sie beten sollen, warum fragen Sie ihn nicht einfach, wofür Sie beten sollen? Wenn Sie jemanden kennen, der eine Not hat, Sie aber nicht wissen, um was für eine Not es sich handelt, warum bitten Sie ihn nicht einfach, Ihnen zu zeigen, worum es sich handelt? Sie werden erstaunt sein, wie oft er Ihnen Gedanken eingibt, die für diese Person absolut auf den Punkt zutreffen – und vielleicht geht es dabei nicht einmal um die offensichtlichste Not.

Wenn wir auf diese Weise mit unseren Gedanken im Geist beten, ist das Gehirn involviert und der Verstand aktiv. Der Geist hilft uns nicht nur mit unserem Verstand, sondern auch mit unserem Herzen und unserem Willen, sodass unsere gesamte Persönlichkeit gestärkt wird. Hierbei gibt es drei Probleme. Das erste ist, dass das Verlangen zu beten in meinem Herzen nicht stark genug ist. Es ist ganz einfach so, dass wir dazu neigen, alles das zu tun, was wir wirklich wollen. Wenn Sie wirklich etwas tun wollen, werden Sie normalerweise auch einen Weg finden, es zu tun. Mein erstes Problem liegt also bei meinem Herzen:

ich will es offensichtlich nicht stark genug. Zweitens gibt es ein Problem mit meinem Verstand: abschweifende Gedanken; sich nur schwer konzentrieren können – zu versuchen, nicht an das gestrige Fußballspiel zu denken! Mein drittes Problem ist mein Wille – die schiere Disziplin. Ich kann mich anstrengen, einen Wunsch und auch Gefühle zu wecken, ich kann darum ringen, meine Gedanken in die richtige Richtung zu steuern, und bis zum letzten versuchen, meinen Willen zu disziplinieren. Aber dieser Wunsch, diese Richtungsweisung und Entschlossenheit sind nicht leicht zu erzeugen, und man braucht eine ziemlich starke Persönlichkeit, um sie zu erreichen.

Genau an diesem Punkt knüpft der Heilige Geist an: Lass mich dir auf diesen drei Gebieten helfen, lass mich dir die Leidenschaft für deine Gebete geben, lass mich dir Erkenntnis im Gebet geben, lass mich dir Beharrlichkeit beim Beten geben. Haben Sie schon einmal daran gedacht, für diese drei Dinge zu beten? „Herr, gib mir eine Leidenschaft fürs Beten, sodass auch mein Herz es will. Gib mir Erkenntnis, damit mein Verstand weiß, wofür er bitten soll. Und gib mir Beharrlichkeit, die so lange bittet, bis sie empfängt." Der Heilige Geist will Ihre ganze Persönlichkeit einbeziehen und Ihnen bei jedem dieser Punkte helfen.

Man merkt immer, wenn jemand im Geist betet, auch wenn der eigene Verstand und die Gedanken stark involviert sind, weil drei Dinge klar erkennbar sind.

Erstens wird der Wille des Vaters dabei herauskommen – weil der Heilige Geist uns in unserer Schwachheit hilft und mit uns dem Willen des Vaters entsprechend betet. Wir erkennen an dieser Stelle etwas ganz Wichtiges: Hängen Sie nicht die Formel „wenn es dein Wille ist" nachträglich an Ihr Gebet an, sozusagen als Schlussklausel am Ende des Gebets. Sondern wir sollen den Willen Gottes kennen und nach dem Willen Gottes beten. Wenn Sie im Geist beten, dann kennen Sie den Willen Gottes. Der Heilige Geist betet im Willen des Vaters und wenn der Heilige Geist Ihre Gedanken im Gebet unterstützt, dann werden Sie den

Willen des Vaters klar in Ihren Gedanken erkennen – Sie werden seinen Willen bestätigen. Sein Wille ist gut und wohlgefällig und vollkommen.

Zweitens, wenn der Heilige Geist bei Ihrem mentalen Gebet dabei ist, dann wird auch die Verherrlichung Jesu darin zu finden sein. *„Er kam, um mich zu verherrlichen"*, sagt Jesus vom Heiligen Geist, und man kann feststellen, wenn jemand im Geist betet, dass der Herr Jesus in diesen Gebeten erhoben wird. Das ist eine weitere Veränderung, die in den Gedanken einer Person stattfindet, wenn sie im Geist betet.

Als Drittes wird er Folgendes tun: Wenn jemand im Geist betet, hören wir keine klugen Sprüche, sondern das Echo des Wortes Gottes, denn der Heilige Geist hat die Bibel verfasst. Er widerspricht sich nie und wird immer wieder das Schwert des Geistes aus der Scheide am Gürtel der Wahrheit ziehen, wenn jemand im Geist betet.

Können Sie jetzt den Unterschied sehen zwischen einem Nichtgläubigen, der betet, wie ernst es ihm damit auch sein mag, und jemandem, der im Geist betet? Ein Nichtgläubiger betet für das, was ihm nötig scheint. Er betet für das, was er will, und richtet sich dabei vielleicht sogar an Gott oder benutzt die Formel „durch Jesus Christus unseren Herrn" oder „wenn es dein Wille ist" am Ende, aber die Gedanken von jemandem, der im Geist betet, sind klar, was den Willen des Vaters, die Verherrlichung des Sohnes und die Wahrheit der Schrift betrifft. Der Geist drückt diese drei Dinge im Gebet aus.

Das ist also die Hilfe, die der Heilige Geist auf Ihrer Verstandesebene anbietet: Er will Ihre Gedanken im Gebet leiten, Ihnen den Wunsch zu beten ins Herz legen und Ihrem Verstand Erkenntnis geben, damit Sie erkennen, was der Wille Gottes ist. Er will Ihrem Willen die nötige Entschlossenheit geben, damit Sie so lange bitten, bis Sie empfangen haben. Er führt Sie so, dass Jesus verherrlicht wird und Sie aus der Wahrheit der Schrift schöpfen und nach dem Willen Gottes fragen. All dies scheint sich zu einem Muster zusammenzufügen. Es bedeutet, dass ich mit meinem Verstand offen auf ihn reagiere und mit meinem Denken darauf höre, was der Geist mir sagen will, sodass dieses Gebet nicht meine Gedanken enthält, sondern seine und ich mit meinen Gedanken den Gedanken des Geistes folge, bevor ich sie in Worte fasse. Das ist also eine Form, wie man im Geist beten kann. Sie werden sie bei Gebetsabenden und in Gebetskreisen wiederfinden.

Die andere Art, im Geist zu beten, ist heute immer mehr Christen vertraut. Bei dieser Art zu beten ist, wie Paulus sagt, der Verstand „unfruchtbar", oder wörtlich ausgedrückt „unproduktiv". Mit anderen Worten kommen bei dieser Art von Beten im Geist gar keine Gedanken vor. Der Heilige Geist übernimmt das Beten auf einer anderen Ebene – er übernimmt die Ebene des Mundes und formt ein wunderschönes Gebet, das Sie sich nicht ausdenken mussten. Manchmal ist es eine riesige Erleichterung, dass man ein Gebet sprechen kann, das man sich nicht überlegen musste oder bei dem man sich mit dem Geist zu einem Gedanken durchringen musste – vor allem wenn man müde ist oder es schwierig findet, sich noch irgendwie zu konzentrieren.

Diese Art von Gebet ist sehr nützlich, wenn man mit anderen Dingen beschäftigt ist und seine gedankliche Konzentration für etwas anderes benötigt. Es kann beispielsweise gefährlich werden, wenn man beim Autofahren auf die bisher beschriebene Art und Weise betet, weil man sich eigentlich auf den Verkehr konzentrieren sollte! Wenn man im Verstand betet, während man Auto fährt, und gleichzeitig versucht, bestimmte Gedanken zu empfangen, dann ist man ein unverantwortlicher Autofahrer – genauso unverantwortlich als hätte man einen ganz anderen Geist intus. Aber man kann ganz gut nur mit dem Mund im Geist beten, ohne dadurch abgelenkt zu werden. Man kann dabei ganz sicher Autofahren, gleichzeitig das Geschirr spülen oder einer anderen Arbeit nachgehen, oder man setzt es ein, wenn man einfach nicht weiß, was man beten soll und man irgendwie festgefahren ist.

Im Geist beten

Ich halte es für eine große Freundlichkeit Gottes, dass er daran gedacht hat, uns eine solche Hilfe zum Beten zu schenken. Es ist einfach schön.

Wie klingt so ein Gebet, das nicht aus dem Verstand kommt? Einige Gebete im Geist klingen für Sie vielleicht wie ein Seufzen. Denken Sie nur an Römer 8: *Denn wir wissen nicht, was wir bitten sollen, wie es sich gebührt, aber der Geist selbst verwendet sich für uns.* Wie? In welcher Gebetsform? Was kommt da heraus? *In unaussprechlichen Seufzern.* Das griechische Wort, das hier mit „aussprechen" übersetzt wird, meint kein Geräusch, keinen „Klang". Es meint *„in Worte fassen".* Am Pfingsttag wurden alle mit dem Heiligen Geist erfüllt und sie fingen an zu reden, wie der Heilige Geist ihnen auszusprechen gab. Das Wort bedeutet „Worte bilden". Es bedeutet nicht, dass der Heilige Geist ihre Sprachbox einschaltete – das war deren Verantwortung – sondern es heißt, dass der Heilige Geist ihre Zungen und Münder so bewegt hat, dass Klang sich zu Worten formte. Und das ist tatsächlich eines der Geheimnisse dieser Art des Betens, dass man selbst die Geräusche macht und der Heilige Geist sie formt. Aber Paulus schreibt hier von *„unaussprechlichen Seufzern"* und manchmal befähigt der Heilige Geist Sie, mit Seufzern zu beten, die überhaupt nicht in Worte gefasst werden können, weder in Ihrer eigenen Sprache noch in irgendeiner anderen – sondern es bleibt ein reines Seufzen, und auch das ist Gebet, ein starkes Gebet. Ich frage mich, ob Sie das schon erlebt haben, dass Sie gebetet und nur geseufzt haben. Lesen Sie sich die Bibel mal daraufhin durch, wie oft der Herr Menschen seufzen hört.

Wenn Sie schon einmal ein Erdbeben erlebt haben, dann haben Sie schon gehört, wie die Erde und die Felsen seufzen. Am Ende der Zeit wird es immer mehr Erdbeben geben und in Römer 8, im gleichen Kapitel, das von unserem Seufzen spricht, das nicht in Worte gefasst werden kann, heißt es im gleichen Kontext, dass die ganze Schöpfung seufzt. Es kommen Seufzer aus der Natur selbst, die darauf wartet, dass Gott die ganze Schöpfung samt unseren Leibern erlöst – ein neuer Himmel und eine neue Erde. Wir denken hier groß! Haben Sie schon in solchen Dimensionen gedacht?

Manchmal sind Ihre Sehnsüchte, Lasten und das, was Sie begeistert, so tief, dass Sie es nicht in Worte fassen können. Nicht einmal der Geist kann sie für Sie in Worte fassen, wenn er Sie also zum Seufzen befähigt, dann handelt es sich um eine Art Gebet.

Eine andere Form des Betens in der Schrift, die vom Mund herkommt und nicht vom Verstand ist das Stöhnen. Haben Sie schon einmal festgestellt, dass jemand in der Schrift gestöhnt hat und Gott ihn erhörte? Haben Sie das schon einmal getan? Auch das ist Gebet. Unser Blickwinkel auf das Gebet kann zu eng sein, wenn wir es auf verbale Kommunikation beschränken.

Tränen können eine andere Form des Betens sein. Wenn Sie keine Worte formulieren können und der Heilige Geist es auch nicht in Worte fasst, dann kann man vielleicht nichts anderes mehr tun als zu weinen. Haben Sie schon einmal auf diese Weise gebetet? Keine Worte, nur Tränen. Im Nahen Osten gehört es zum Trauerritual, dass man die Tränen, die man um einen Verstorbenen weint, in einem kleinen Glasfläschchen sammelt, und anstelle eines Kranzes übergibt man ein Fläschchen mit Tränen zur Beisetzung. Ich halte diesen Brauch noch für bedeutsamer als einen Kranz. Der Psalmist betet: *Sammle meine Tränen in deinem Gefäß, o Herr.* Das ist Gebet! Und Gott hat so ein Fläschchen, in dem er die Tränen auffängt. Der Heilige Geist kann uns in viele Formen des Gebets hineinführen, die nichts mit Formulieren zu tun haben, die nie in Worte gefasst werden – ein Seufzen, eine Träne, ein Stöhnen, all das liegt jenseits der Worte.

Dann gibt es noch andere Arten von Gebet, bei denen Ihr Verstand nicht involviert ist, aber bei denen Ausrufe in Worten oder kurzen Sätzen vorkommen. Da gibt es verschiedene Beispiele. Abba ist eines. Haben Sie dieses Wort auch schon einmal verwendet? Nicht „Papa" – das wäre die Übersetzung. Haben Sie sich schon einmal dabei ertappt, wie sie „Abba" gesagt haben? Es steht geschrieben, dass der Heilige Geist unserem Geist Zeugnis gibt, dass wir Kinder Gottes sind. Warum? Weil es der Geist des Sohnes Gottes ist, der Ihren Mund benutzt, um seinen eigenen Vater so anzusprechen, wie es ihm am besten gefällt, auf Aramäisch – „Abba". Aus diesem Grund behalten auch alle Übersetzungen das aramäische Wort bei. Nicht wenn wir „Papa" rufen, sondern wenn wir „Abba" rufen, dann ruft Jesus seinen eigenen Vater durch Ihren Mund hindurch an. Und man weiß wirklich, dass man ein Kind Gottes ist, wenn man „Abba" ruft, das kann ich Ihnen sagen. Wenn man „Abba" ruft, dann bedeutet das Verb „ausrufen" dasselbe wie an der Stelle, als die Jünger Jesus auf dem Wasser gehen sahen und sich fast zu Tode erschreckten und „ausriefen" – das griechische Verb lautet *krazein*. Sie *krazein*ten! In Galater 4 steht, dass wenn wir „Abba" krazeinen, dass der Geist des Sohnes in uns dann seinen Papa durch unseren Mund in seiner Muttersprache anruft.

Es gibt noch einen weiteren Ausruf: *Maranatha*. Das bedeutet „Komm, komm Herr Jesus, komm wieder, komm schnell." Haben Sie diesen Ausruf jemals in Ihren Gebeten verwendet, ohne darüber nachzudenken? Der Geist Gottes hat dies in Ihnen bewirkt, wenn es Ihnen schon einmal so gegangen ist.

Nun wollen wir uns dem Kernstück zuwenden. Der Heilige Geist kann nicht nur in Ihnen seufzen und Ihre tiefsten Sehnsüchte auf diese Weise ausdrücken, oder in einem Stöhnen oder in Tränen oder in einem Ausruf, vielleicht sogar in der Muttersprache Jesu, er kann Ihnen auch Geläufigkeit in jeder Sprache geben, die er kennt. Wenn es ein Wort gibt, das ich hasse und von dem ich wünschte, ich könnte es aus jeder Bibelübersetzung streichen, dann ist es das Wort „Zungen". Das beinhaltet für mich die Vorstellung von einem Gebrabbel, das von der Wahrheit nicht weiter entfernt sein könnte. Kein Wunder, dass es manche Leute abstößt. Warum wollen die Übersetzer nicht das richtige Wort einsetzen? Ich sage Ihnen warum – weil Sie keine Vorstellung davon haben, um was für eine Erfahrung es sich dabei handelt, und darum raten sie einfach. Also übersetzen sie die Stelle nicht so, wie es sich gehören würde, denn die eigentliche Übersetzung des griechischen Wortes lautet „Sprache". Welches Problem haben wir mit dem Wort „Sprache"? Es gibt keins. Wo immer Sie also das Wort „Zungen" lesen, streichen Sie es durch und setzen Sie das Wort „Sprachen" ein, dann sind Sie auf der sicheren Seite.

Am Pfingsttag waren die Jünger alle einmütig beieinander und wurden mit dem Heiligen Geist erfüllt. Sie fingen alle an, in anderen Sprachen zu sprechen, wie der Heilige Geist es ihnen auszusprechen gab.

Der Teufel hasst es, denn er weiß, dass Menschen auf diese Weise im Gebet freigesetzt werden. Er hasst es, weil er weiß, dass jedes dieser Worte im Gebet ein Volltreffer sein wird. Darum wird er alles tun, um Menschen davon abzubringen. Er lässt andere Leute so fanatisch werden, dass sie abstoßend wirken auf andere. Die sagen dann, wir bräuchten es nicht und es wäre wohl nur für manche das Richtige. Darum wollen wir uns oftmals nicht damit auseinandersetzen und wollen es auch nicht haben. Ich halte es in dieser Sache mit dem Apostel Paulus – *Ich wünschte, ihr alle würdet in Sprachen sprechen,* vor allem diejenigen unter Ihnen, die mehr Verstandeskraft besitzen als andere. Ich wünschte, Sie könnten verstehen, welch schlichter Akt es ist, ihm Ihren Mund zu überlassen und ihn durch Sie beten zu lassen und freigesetzt zu werden.

Es ist ein Gebet, bei dem der Herr Ihnen jedes Wort zukommen lässt. Als Ihre Kinder noch klein waren und Ihr Geburtstag kam, haben Sie ihnen da nicht auch ein bisschen Geld in die Hände gedrückt, damit sie Ihnen ein Geschenk kaufen konnten? Die meisten Eltern tun das. Gott sagte: „Dies ist eine Art, wie ihr zu mir beten könnt." Nur diejenigen, die bereit sind, wie kleine Kinder zu werden und etwas zu lernen, das sich wie „Babygebrabbel" anhört, können solch eine Gabe annehmen. Aber es ist eine schöne Gabe. Wenn irgendjemand diese Gabe verunglimpft, dann erinnere ich ihn gerne daran, dass es die erste

Gabe war, die der Herr seiner Gemeinde schenkte. Es war eine wunderbare Gabe. Sie waren täglich im Gebet zusammen. Es war eine betende Gemeinde, glauben Sie mir: 120 Personen kamen jeden Tag zum Gebet zusammen. Sie hatten sich zehn Tage in Folge zum Beten getroffen und im Verstand gebetet, aber am Pfingsttag schalteten sie um vom mentalen Gebet zu einer völlig anderen Art des Betens, bei der Gott ihre Münder gebrauchte und nicht ihren Verstand, und seinen Geist ausgoss – und danach waren sie frei und priesen ihn.

Wenn Sie sagen, es sei die geringste Gabe, dann sage ich, es ist die beste, mit der man anfangen kann. Es ist eine Gabe, die vornehmlich dem persönlichen Gebet dient. Ich wünschte, Sie alle könnten in Sprachen beten, aber ich stehe auch in der folgenden Frage fest an der Seite des Apostels Paulus: Aus Überzeugung würde ich lieber fünf verständliche Worte im Gottesdienst sprechen als Zehntausend in einer anderen Sprache, hier stehe ich fest zur Aussage der Schrift. An dieser Stelle denke ich, dass diese Gabe primär dazu gedacht ist, mir zu helfen, dass ich frei werde, wo ich stecken geblieben bin.

Es gibt Missbrauch und es gibt Fälschungen. Ich bin in Neuseeland auf eine gestoßen, als jemand öffentlich eine Gabe zur Schau stellte. Er glaubte, er habe sie erhalten, und sie erwies sich als satanisch. Diese Person gebrauchte eine Maorisprache, was wir nur deshalb feststellten, weil Maori anwesend waren, die die Worte als gotteslästerlich und obszön erkannten. Es gibt Fälschungen, aber der Teufel fälscht nur etwas, von dem es auch ein Original gibt. Er macht sich nicht die Mühe etwas zu fälschen, was niemand hat. Es gibt enge biblische Beschränkungen, was den öffentlichen Gebrauch dieser Gabe angeht. Wenn ich predige und eine andere Sprache dabei gebrauche, nützt dies niemandem als mir selber. Es wird mich aufbauen, mich freisetzen, aber es wird anderen überhaupt nicht helfen, es sei denn jemand übersetzt es für die anderen. Das ist so umständlich, dass es am besten ist, wenn man sich auf zwei (oder maximal drei) Auslegungen bei einer Zusammenkunft beschränkt. Aber ich möchte Ihnen bei Ihrem ganz persönlichen Gebet genauso helfen wie bei Ihrem öffentlichen Beten. Es handelt sich hierbei um eine ganz vorzügliche Gabe.

Ich habe viele Bücher über das Leben des heiligen Paulus gelesen. Sogar Bücher, die ein Kapitel speziell zu seinem Gebetsleben enthielten – er hatte wirklich ein erstaunliches Gebetsleben. Einige Autoren haben aus den Briefen seine Gedanken zum Thema Gebet zusammengetragen, sowie Anliegen, für die er gebetet hat: dass seine Leser mit der Fülle Gottes erfüllt werden mögen; dass sie die Länge und Breite und Höhe seiner Liebe erfassen mögen. Aber ich habe auch festgestellt, dass die Erfahrungen des Paulus mit dieser Form des Betens vernachlässigt werden. Es ist erstaunlich, dass er in einem seiner Briefe an die Gemeinde in Korinth sagt – und diese Gemeinde war eine pfingstliche mit allem, was dazu gehört, auch mit allen Missbräuchen: *Ich danke Gott, dass ich mehr in Sprachen rede als ihr alle.* Denn da treffen wir auf das Geheimnis der Vollmacht des Paulus. Wie hätte er die Kraft gefunden, weiterzumachen – ein Mann, der gesteinigt wurde, Schiffbruch erlitt, geschlagen wurde und mehr als einmal 39 Peitschenhiebe erhielt. Wie schaffte er das? Wie blieb er standhaft? Paulus sagt, dass er Gott dafür dankt, dass er auf diese Art beten kann, und dass er mehr Gebrauch davon macht als alle Korinther zusammengenommen. Hier berühren wir eines der tiefen Geheimnisse seines Lebens. Als Paulus niedergeschlagen war, wusste er, dass er ohne gedankliche Anstrengung beten und Gott einfach das Ruder überlassen konnte. Fragen Sie sich einmal, ob Sie nicht auch eine solche Gabe wollen. Ich preise Gott, wenn Sie auf diese Weise schon Freisetzung erfahren haben.

Es gibt erstaunliche Beispiele von Erlebnissen, bei denen jemand in einer ihm unbekannten Sprache redete, die aber von Muttersprachlern erkannt wurde.

Hier ist eine wahre Geschichte, die ich gerne in unseren

Im Geist beten

Aufnahmeseminaren für neue Mitglieder erzähle. Vor vielen Jahren war ich Pastor in einer Gemeinde, die einen Ältesten hatte, der ein ziemlich heller Kopf war und erfolgreich sein eigenes Geschäft aufgebaut hatte. Er konnte mich aber nicht leiden, und wir kamen nicht besonders gut miteinander aus. Jedes Mal im Mai oder Juni wurde er krank. Er bekam dann hohes Fieber kombiniert mit asthmatischem Husten, und zu dieser Jahreszeit lag er dann immer sechs Wochen flach. In einem Jahr, als er gerade unter dieser Erkrankung litt, bat er mich, ihn einmal zu besuchen. Ich kam am Sonntagnachmittag zu ihm und auf dem Weg zu ihm musste ich die ganze Zeit an die Worte aus Jakobus Kapitel 5 denken: *Ist jemand krank unter euch? Er rufe die Ältesten der Gemeinde zu sich und sie mögen über ihm beten und ihn mit Öl salben im Namen des Herrn.*

Ich hatte das noch nie zuvor ausprobiert und dachte: Nun, könnte ich das für ihn tun? Als ich bei ihm zu Hause ankam und mich mit ihm ein wenig unterhielt, schaute er mir direkt in die Augen und fragte: „Was denkst du über Jakobus 5?"

Ich sagte: „Also, ich habe da auch schon drüber nachgedacht. Was hältst du davon?" Er sagte: „Würdest du das für mich tun? Ich muss am Donnerstag in der Schweiz sein, es handelt sich um dringende Geschäfte. Ich habe mein Flugticket schon. Die Ärzte haben mir zwei Wochen absolute Bettruhe verordnet. Ich muss einfach fliegen, könntest du das für mich tun?"

Ich sagte: „Ich denke darüber nach. Ich überlege es mir."

„Tu das."

Seine Frau rief mich am Mittwochmorgen an und sagte: „Er will, dass du kommst und es tust."

Und ich meinte: „Gut, ich denke, dass ich es tun sollte." Dann rief ich bei ein paar anderen Ältesten an und fragte sie:

„Würde es euch etwas ausmachen, heute zu fasten und zu beten und mich heute Abend zu begleiten?"

Ich kaufte eine kleine Flasche Olivenöl und es war mir ein bisschen peinlich. Dann ging ich allein in die Kirche, trat an die

Kanzel, wo ich üblicherweise stand und kniete mich zum Gebet nieder. Aber ich konnte nicht für diesen Mann beten. Ich wollte ihm nicht helfen. Die Gedanken, die ich im Gebet über ihn hatte, waren falsch. Dann, ich weiß nicht, was passierte, fing ich an, obwohl ich keinerlei positive Gefühle oder Emotionen und keine Spur von Begeisterung in mir hatte, für diesen Ältesten zu beten, wie ich noch nie in meinem ganzen Leben für jemanden gebetet habe. Ich betete und betete und alles war absolut echt. Ich wusste, dass ich genau das betete, was Gott von mir wollte. Aber ich stellte fest, dass ich in einer Sprache betete, von der ich annehme, bei allem, was ich bisher gehört habe, dass es sich um Chinesisch handelte. Das ist mit Sicherheit eine Sprache, die ich nie gelernt habe und auch niemals lernen werde – aber Gott kennt ja jede Sprache auf der Welt, und die Sprache der Engel ebenso (es gibt menschliche Sprachen und Engelssprachen), und ich weiß nicht, wie viele verschiedene Sprachen das sind! Natürlich nützen uns diese Sprachen ohne Liebe nichts, und wenn sie öffentlich gebraucht werden, müssen sie ausgelegt werden.

Ich schaute auf die Uhr, weil ich meinte, es müsste schon fast eine Stunde vergangen sein, aber ich hatte schon weit über eine Stunde so gebetet, ohne es zu merken. Ich hatte immer noch keine besonderen Gefühle, aber ich betete. Also dachte ich: Nun, ich habe noch eine halbe Stunde Zeit, also bete ich einfach weiter. Und tatsächlich kam ich wieder in diesen Sprachfluss und konnte für den Mann beten. Es war wunderbar entspannend, weil meine Gedanken zur Ruhe kamen.

Dann gingen wir am Abend zu ihm und legten ihm die Hände auf und gossen Öl auf seinen Kopf. Er lag dort ganz grau und krank, wir bekannten unsere Sünden und es tat ziemlich gut, das alles loszuwerden. Wissen Sie, was passierte, als wir zum Ende gekommen waren? Absolut nichts. Er lag da und konnte nicht einmal aufrecht sitzen. Das war mein erster großer Test. Ich stand auf und erinnere mich noch, wie ich ihn anschaute und sagte: „Also Jimmy, wir haben alles getan, was in unserer Macht steht, wir haben alles befolgt, was in der Bibel steht. Hast du immer noch das Flugticket für morgen?"

„Ja", antwortete er.

„Okay." sagte ich. „Ich werde dich zum Flughafen bringen." Ich fuhr nach Hause und konnte keine Sekunde schlafen. Am Morgen besaß ich nicht den Mut ihn anzurufen. Ich versuchte, mich auf meine Predigtausarbeitung zu konzentrieren und merkte, dass es keinen Sinn hatte.

Das Telefon klingelte und eine Stimme sagte: „Fährst du mich zum Flughafen?"

Ich entgegnete: „Bist du in Ordnung, Jimmy?"

„Es geht mir gut."

„Warst du beim Arzt?" fragte ich.

„Ja, der Doktor hat gesagt, ich dürfte fliegen", antwortete er. „Ich war sogar noch beim Friseur und der sagte zu mir: ‚Entschuldigen Sie, Sir, aber ich denke ich sollte Sie darauf hinweisen, dass Sie ziemlich fettiges Haar haben. Möchten Sie es auch gewaschen bekommen?'" Dadurch konnte er ihm erzählen, was passiert war. Jetzt kann ich Ihnen noch zwei ganz einfache, schöne Dinge dazu sagen. Zum einen hat er nie wieder dieses Fieber und Asthma bekommen. Zweitens, und das ist für mich noch viel schöner, sind wir ganz dicke Freunde geworden – und als der Herr mir sagte, dass ich nach Guildford umziehen solle, und innerlich so zerrissen war und mich fühlte, als würde man meine Wurzeln ausreißen, war der erste Mensch, dem ich mich anvertraute, dieser Älteste.

Auf diese Weise habe ich entdeckt, dass es eine Art von Beten im Geist gibt, durch die Gott uns helfen will. Wenn jemand fragt: „Muss ich denn so beten?", dann hat er die Frage falsch formuliert. Es geht mehr darum zu fragen „Darf ich?" als „Muss ich?". Der Heilige Geist zwingt Sie nicht dazu, wenn Sie es nicht wollen. Ich finde es toll, wenn jemand „Darf ich?" sagt. Traurigerweise gibt es Menschen, die lieber tausend Kilometer vor etwas davonlaufen, das sie nicht kennen oder ihnen merkwürdig vorkommt oder das sie einfach nicht verstehen – aber Gaben, die vom Himmel geschickt werden, sind gut und vollkommen, und hierbei geht es um etwas, das uns der Himmel geschickt hat. Lassen Sie sich also vom Teufel nicht etwas anderes einreden. Es ist ein satanisches Werk, wenn jemand versucht, Sie davon abzuhalten, so zu beten, wie Gott möchte, dass Sie beten. Der Feind wird Ihnen alle möglichen seltsamen Geschichten erzählen, um Sie davon abzubringen.

Nun stellt sich noch die praktische Frage nach dem Wie. Ich kann es Ihnen in zwei Worten erklären und beziehe mich dabei auf beide Arten, im Geist zu beten – die Art, bei der Ihr Verstand involviert ist und die Art, die ohne das Denken auskommt. Einen biblischen Beweis für diese Unterscheidung finden Sie in 1. Korinther 14. Paulus sagt dort: *Ich will beten mit dem Geist, aber ich will auch beten mit dem Verstand; ich will lobsingen mit dem Geist, aber ich will auch lobsingen mit dem Verstand.* Es handelt sich hierbei um zwei verschiedene Arten von Gebet und Paulus sagt uns, dass er beides praktiziert. Seien Sie vorsichtig, wenn jemand nur in Sprachen betet und niemals im Verstand. Seien Sie vorsichtig, wenn jemand nur im Verstand betet und niemals im Geist.

Wie also? Es sind folgende zwei Worte: „bitten" und „empfangen". Jeder, der durch ein Gebet Hilfe empfangen hat, hat vorher darum gebeten. Hier ist eine Stelle aus Lukas 11, die sich nicht auf Ungläubige beziehen kann, weil Nichtgläubige den Heiligen Geist gar nicht kennen können. Sie kann sich darum nur auf Gläubige beziehen und sagt ihnen, dass sie um den Heiligen Geist bitten sollen. Und dann kommen die Theologen und behaupten: Aber Sie sind doch Christ, Sie haben doch den Heiligen Geist. Ja, Sie haben die Person des Heiligen Geistes, aber Sie können immer um mehr von ihm bitten. In diesem Vers heißt es: *Wenn nun ihr, die ihr böse seid, euren Kindern gute Gaben zu geben wisst, wie viel mehr wird der Vater, der vom Himmel gibt, den Heiligen Geist geben denen, die ihn bitten!*

Wollen Sie das? Dann bitten Sie so lange darum, bis Sie es bekommen, wie jener Freund in der Geschichte, der um Mitternacht an die Tür hämmerte, bis er das bekam, was er wollte. Gott liebt es, auf beharrliches Drängen zu antworten.

Aber es gibt auch eine andere Seite, und dort tritt häufig das Problem auf. In gewisser Weise ist auch ein Akt der Hingabe und der Ergebung erforderlich, ein Loslassen und Gott-machen-lassen. Die meisten von uns hassen es, unsere Selbstkontrolle aufzugeben, weil wir fürchten, dass wir sonst im Chaos oder im Irrsinn enden. Ich sage Ihnen, die Frucht des Geistes ist Selbstbeherrschung, und wenn Sie diese Selbstbeherrschung bekommen, glauben Sie mir, dann ist sie besser als Ihre eigene – und bei einer echten Gabe des Geistes gibt es in der Tat keinerlei Verlust von Selbstkontrolle. Sollte es so sein, dann ist sie nicht vom Geist. Der Geist des Propheten ist dem Propheten untertan, so lehrt es Paulus. Darum unterstellt der Heilige Geist diese Gabe auch gnädigerweise Ihrer Kontrolle. Niemand muss also Angst davor haben, zu etwas gedrängt zu werden, das er nicht kontrollieren könnte. Sie entscheiden, ob Sie ihm das Ruder überlassen oder nicht, und wenn es Ihnen nicht gefällt, wenn er das Steuer in der Hand hat, dann können Sie es unterbinden – aber das werden Sie gar nicht wollen.

Wir wollen jetzt noch darüber nachdenken, wie man empfängt. Wenn ich eine Tafel Schokolade hätte, die ich Ihnen hinstrecken würde, dann wüssten Sie genau, wie Sie diese entgegennehmen könnten, nicht wahr? Ich würde sagen: „Hier ist sie, bitten Sie darum und nehmen Sie sie in Empfang." Sie wüssten genau, dass Sie kommen und sie entgegennehmen müssten. Ich habe einmal in einer Gemeinde zu Kindern gesprochen und versuchte, ihnen zu erklären, was Gnade ist. Ich hatte eine Tafel Schokolade und sagte: „Da ist sie. Das erste Kind, das zu mir kommt, bekommt auch die Schokolade." Keines hat sich bewegt. Sie haben sich alle umgeschaut, bis ein ziemlich frecher kleiner Knirps zu mir vorrannte, sich die Schokolade schnappte und wieder an seinen

Platz zurücklief. Er nahm also wirklich in Empfang, was ich ihm angeboten hatte. Das größte Problem bei vielen Menschen ist, dass sie bitten und niemals empfangen. Wenn wir etwas empfangen wollen, müssen wir auch danach greifen. Wir müssen beispielsweise die psychische Hürde überwinden, dass wir unsere eigene Stimme hören, wie sie Geräusche von sich gibt, die wir nicht verstehen. Das ist eine echte Hürde. Und man muss es einfach so lange probieren, bis man die Scheu überwunden hat. Manche Menschen haben glücklicherweise diese Barriere nicht und öffnen einfach ihren Mund und legen los, aber andere müssen so lange reden, bis der Herr ihnen über diese Hürde geholfen hat. Dann gibt er ihnen eine Sprache und lässt sie flüssig sprechen. Sie kommen sich vielleicht dabei so vor, als würden sie Babysprache praktizieren, weil sie solche Klänge noch nie aus dem eigenen Mund gehört haben, aber wenn sie weitermachen, dann erkennen sie, dass es sich um eine Sprache mit Grammatik und Syntax handelt. Es ist eine himmlische Sprache, die Gott ihnen gibt, damit sie ihn ansprechen können.

Es ist ein bisschen wie bei Petrus, der im Boot sitzt und dann Jesus fragt: „Könnte ich auch auf dem Wasser gehen?" Und Jesus sagte nicht zu ihm, er solle seine Bibel herausholen, die Verheißungen für sich in Anspruch nehmen, sich im Boot niederknien und beten, beten, beten, beten. Nein. Jesus sagte ihm, er solle kommen und es einfach tun! So handelte er immer. Zu einem Mann, der auf einer Bahre lag, sagte er: „Steh auf und trag das Ding weg." Er sagte nicht, er solle seine Bibel herausholen, die Verheißung lesen und beten, beten, beten – er sagte ihm, er solle es einfach tun. Auf diese Weise kommen auch geistliche Gaben, und Sie wissen nicht, ob Sie eine Gabe der Heilung haben, bis Sie hingehen und jemandem die Hände auflegen.

Wenn Ihr Geist einen starken Eindruck bekommt, dass Sie etwas tun könnten, warum verlassen Sie dann das Boot nicht, um es zu versuchen? Auf diese Weise kommen geistliche Gaben und so werden sie empfangen. Die Bibel sagt nicht, dass eine Gabe des Geistes wie ein brillantes Klavierspiel vom Himmel fällt, aber mal angenommen, es wäre so. Wie würden Sie merken, dass Sie es empfangen haben? Es gibt nur einen Weg, um das festzustellen und Sie müssten sich eben an ein Klavier setzen und die Finger auf die Tasten legen und anfangen zu spielen. Sie würden sehr schnell merken, ob Sie diese Gabe empfangen haben oder nicht.

Darf ich Ihnen von Muriel Shepherd erzählen, die ihren Mann als Dirigentin des London Emmanuel Choir beerbte. Eines Abends baten Edwin und Muriel den Herrn, sie mit seinem Geist zu erfüllen. Bis zu diesem Punkt konnte Muriel nicht eine Note am Klavier spielen, ohne ein Notenblatt vor sich zu haben. Manche Musiker können mit oder ohne Noten spielen, aber die meisten sind entweder „Auge" oder „Ohr"– und sie war ein „Auge". Es war eine Katastrophe, wenn sie ein Musikstück verlegt oder zu Hause vergessen hatte und bei einem Konzert spielen sollte – dann musste jemand anders einspringen. Nachdem sie mit dem Heiligen Geist erfüllt worden war, sagte sie: „Herr, würdest du mir die Gabe schenken, nach dem Gehör Klavier spielen zu können?" Und mitten in der Nacht antwortete der Herr ihr: „Ich habe dir diese Gabe gegeben." Sofort setzte sie sich unten ans Klavier. Sie ließ die Noten weg und spielte einfach! Seither spielt sie ohne Noten Klavier. Woher wusste sie, dass sie diese Gabe hatte? Durch eine Verheißung in der Bibel? Durch eine Botschaft vom Himmel? Nein. Sie wusste, dass sie die Gabe hatte, nachdem sie die Treppe hinuntergegangen war und ihre Finger auf die Tasten gelegt hatte. Auf dieselbe Weise entdecken Sie auch jede andere Gabe. Sie beten im Geist und sagen: „Herr, ich bin schwach, ich brauche deine Hilfe. Ich brauche deinen Heiligen Geist, ich kann nicht so beten wie ich sollte." Dann empfangen sie ihn und sagen:

„Herr, ich glaube, dass du mir, wenn ich (im Verstand) bete, die richtigen Gedanken eingeben wirst, um dich zu verherrlichen." Jesus wird verherrlicht und der Geist beruft sich auf die Wahrheit der Schrift. Aber ich bitte Sie, jetzt nicht aufzuhören. Es gibt noch eine andere Art von Gebet und Sie können darum bitten: „Herr, ich bin heute Abend müde, ich kann meine Gedanken nicht mehr sortieren. Herr, hier ist mein Mund und ich werde jetzt einfach anfangen zu sprechen und du wirst mir die Worte geben und es wird immer noch ein Gebet sein." Oder: „Herr, Heiliger Geist, hilf mir zu weinen, zu seufzen oder zu stöhnen, aber Heiliger Geist, hilf mir beten."

Kapitel 4

GEGEN DEN TEUFEL BETEN

Folgendes hat Paulus geschrieben, der um seines Glaubens willen im Gefängnis saß:

Noch ein Wort zum Schluss: Werdet stark durch den Herrn und durch die mächtige Kraft seiner Stärke! Legt die komplette Waffenrüstung Gottes an, damit ihr allen hinterhältigen Angriffen des Teufels widerstehen könnt. Denn wir kämpfen nicht gegen Menschen aus Fleisch und Blut, sondern gegen die bösen Mächte und Gewalten der unsichtbaren Welt, gegen jene Mächte der Finsternis, die diese Welt beherrschen, und gegen die bösen Geister in der Himmelswelt. Bedient euch der ganzen Waffenrüstung Gottes. Wenn es dann so weit ist, werdet ihr dem Bösen widerstehen können und noch aufrecht stehen, wenn ihr den Kampf gewonnen habt. Sorgt dafür, dass ihr feststeht, indem ihr euch mit dem Gürtel der Wahrheit und dem Panzer der Gerechtigkeit Gottes umgebt. Eure Füße sollen für die gute Botschaft eintreten, die den Frieden mit Gott verkündet. Setzt den Glauben als einen Schutzschild ein, um die feurigen Pfeile des Satans abzuwehren. Setzt den Helm eurer Rettung auf und nehmt das Wort Gottes, euer Schwert, das der Geist euch gibt. Betet immer und in jeder Situation mit der Kraft des Heiligen Geistes. Bleibt wachsam und betet auch beständig für alle, die zu Christus gehören. Betet auch für mich und bittet Gott, mir die richtigen Worte zu geben, wenn ich mutig das Geheimnis seiner guten Botschaft weitersage. Ich bin im Gefängnis, weil ich als Gottes Bote diese Botschaft verkündet habe. Betet darum, dass ich weiter so offen und furchtlos rede, wie es mir aufgetragen ist! **(Epheser 6,10-20, Neues Leben)**

Ich denke, es ist eine der außergewöhnlichsten – oder sogar schockierendsten – Entdeckungen für einen Christen, dass es ihm manchmal schwerer fällt zu beten, seit er Christ geworden ist, als zu der Zeit, als er noch nicht gläubig war. Vielleicht haben Sie auch schon diese Erfahrung gemacht. Ich unterhielt mich vor kurzem mit einer Dame, die keinen Fuß in eine Kirche setzen würde und auch nicht die Bibel liest, aber sie betet regelmäßig jeden Abend. Sie würde zu den Menschen gehören, die von sich sagen: „Ich bin ein genauso guter Christ wie diejenigen, die immer in die Kirche rennen." Interessant für mich war, dass sie nie Probleme mit dem Beten hatte. Für sie gab es keine Barrieren, die sie abhalten konnten. Sie betete einfach täglich. Und ich dachte: Wenn du Christ werden würdest, bekämst du sicherlich Probleme mit dem Beten. Warum scheint das so zu sein? Denken Sie an das, worüber wir bisher nachgedacht haben: Wir haben einen himmlischen Vater, zu dem wir beten können; wir können an den Vater glauben; wir haben den Namen Jesu, das Vorbild Jesu, die Lehre Jesu, das Blut Jesu – so vieles, was uns helfen kann – und das Gebet sollte einem Christen eigentlich mehr bedeuten als jedem anderen – und doch kann es sein, dass wir damit mehr zu kämpfen haben als je zuvor. Aber wir haben ja schon einmal darüber gesprochen, dass das christliche Gebet nichts Privates ist. Dazu gehört der Vater, der uns hilft, der Sohn, der unser Gebet weiterleitet und für uns bittet, und der Heilige Geist – der weiß, dass wir nicht wissen, wie wir beten und was wir sagen sollen, und der uns in unseren Gedanken und mit unseren Worten helfen kann. Und doch ist es ein Kampf, weil wir mit unserem Gebet dem Teufel in die Quere kommen und Satan uns dafür hasst. Ihn stört es nicht, wenn gebetet wird, aber er hasst ein christliches Gebet, weil es ihm schadet. Er hat etwas dagegen. Aber er hat nicht das kleinste bisschen Angst vor dem Gebet eines Nichtgläubigen.

Es gab einmal einen amerikanischen Großgrundbesitzer, der einen Sklaven hatte, der gläubig war, und seinen Master immer wieder auf den Herrn und auf den Teufel ansprach. Er antwortete ihm: „Vor dem Teufel habe ich keine Angst." Eines Tages ging der Master auf Entenjagd. Er schoss auf zwei Enten, als sie über ihn hinweg flogen, und beide Enten fielen zu Boden. Die eine hatte den Hauptanteil der Schrotladung abbekommen und landete tot auf dem Boden. Die andere aber hatte noch Leben in sich, flatterte umher und versuchte wegzufliegen. Der Sklave rannte zu der toten Ente, um sie aufzuheben, doch sein Master rief ihm zu: „Lauf nicht der toten Ente hinterher, sondern der anderen, die noch am Leben ist und versucht wegzufliegen."

Der Sklave drehte sich um und sagte: „Erst jetzt habe ich verstanden, warum Ihr nie vom Teufel behelligt werdet, Master. Ich habe verstanden. Wisst Ihr, der Teufel fürchtet nur Christen, die versuchen, im Gebet zu fliegen, die noch ein bisschen Leben in sich haben. Religiosität und auch Beten stören ihn nicht, aber Christen, die ernsthaft versuchen, im Namen Jesu zu beten, die jagen ihm Angst ein. Und darum greift er sie auch an."

Ich vertrete die Theorie, dass der Teufel recht klein gewachsen ist! Warum? Weil man ihm am besten einen Kinnhaken verpassen kann, wenn man auf den Knien liegt! Aber im Ernst, auch wenn ich hier ein bisschen Spaß mache, dürfen Sie den Teufel nicht unterschätzen und nicht als Witzfigur behandeln. Und trotzdem gibt es diesen Spruch: „Satan zittert, wenn er den schwächsten Heiligen auf seinen Knien sieht."

Ich betrat einmal eine kleine alte Kirche in der Gegend von Buckinghamshire, die gerade renoviert wurde. Sie hatten die alten Schichten der Tünche entfernt und darunter ein Fresko, ein altes Wandgemälde, entdeckt. Ich war fasziniert, weil das Gemälde die Kirche selbst darstellte, deren Bänke gefüllt waren mit mittelalterlich gekleideten Menschen. Ich bemerkte, dass neben jedem einzelnen Gemeindeglied auf dem Fresko ein kleiner Dämon saß, der den Menschen den Mund zuhielt. Das war ein merkwürdiges kleines Gemälde, aber es sprach mich an. Die Dämonen hielten den Gemeindegliedern die Münder zu, sodass sie still blieben und zu jenen armen Heiligen gehörten, die unter „Kiefersperre" leiden! Vielleicht kennen Sie das Problem, man findet es in vielen Gemeinden. Jenes Fresko hat mich noch lange beschäftigt. Ich glaube, wenn man den Herrn kennenlernt, dann lernt man gleichzeitig auch den Teufel kennen. Jemand hat einmal zu mir gesagt:

„Also ich habe keinerlei Erfahrung mit dem Teufel. Ich bin ihm noch nie begegnet." Ich frage mich ernsthaft, wie weit sie mit dem Herrn schon gekommen sind. Denn der Teufel befindet sich nicht in der Hölle, sondern im Himmel. Das Buch Hiob zeigt dies recht deutlich. Er durchstreift die Erde, aber sein Zuhause ist der Himmel. Darum kämpfen wir nicht gegen die Mächte des Bösen in der Hölle, sondern in der Himmelswelt – denn dort halten sie sich auf. Das ist der Grund, warum Gebet wirklich schwierig werden kann.

Das Erste, was man im Kampf tun muss, ist, seinen Feind zu bestimmen. Man muss ihn identifizieren, bevor man darüber entscheidet, wie man ihn überwinden kann. Ich kenne einen Mann, der im 1. Weltkrieg von britischen Kugeln erschossen wurde, obwohl er britischer Soldat war. Ein britischer Aufklärungszug hatte die Wälder durchstreift, aber die Kommunikation war zusammengebrochen, sodass der Rest der Einheit nichts von dem Vorstoß wusste. Einige britische Soldaten beobachteten diesen Trupp, wie er durch den Wald streifte und eröffneten das Feuer und dieser Mann wurde erschossen.

Man muss eben ganz sicher sein, dass man den richtigen Feind identifiziert hat. Beten Sie niemals gegen Menschen, denn Sie kämpfen nicht gegen Fleisch und Blut, also sind Menschen auch keine Feinde – wir kämpfen gegen Wesen ohne Körper. Wir kämpfen gegen den Teufel selbst im Gebet, und das ist ein realer Kampf.

Nun möchte ich Ihnen noch ein bisschen mehr über den Teufel erzählen, damit Sie eine klarere Vorstellung darüber bekommen, wogegen Sie beten. Christen sind nicht nur dazu berufen, für Menschen zu beten, sondern auch gegen bestimmte Mächte, von denen die Oberste Satan selbst ist.

Ein Kriminalbeamter von Scotland Yard wurde einmal gefragt, ob er an den Teufel als Person glaubte. Er sagte: „Aber natürlich." Der Fragesteller entgegnete: „Auf welcher Grundlage glauben Sie an einen Teufel in Person?"

„Nun", antwortete er. „Ich bin Christ, ich glaube der Bibel, und die Bibel sagt, dass es einen Teufel in Person gibt. Damit ist für mich alles geklärt, aber ich habe auch ein paar ziemlich gute persönliche Beweise für die Existenz des Teufels."

„Welche denn?", fragte der Berichterstatter.

Der Kriminalbeamte fuhr fort: „Manchmal gibt es in London eine Welle von Straftaten, bei denen wir feststellen, wenn wir die kleinen Kerle, diese Jungs, dann finden, dass sie völlig unfähig sind, solche Verbrechen, wie sie begangen wurden, selbst zu planen. Wir wissen, wenn es eine solche Welle gibt, dann gibt es einen neuen König der Unterwelt, einen neuen Mister X. Also legen wir eine Akte zu Mister X an. Wir kennen seinen Namen nicht, wir wissen nicht, wo er wohnt, wir wissen nicht, wer er ist. Aber von den Verbrechen, zu denen er diese kleinen Fische anstiftet, leiten wir ein Bild der Art von Person ab, die er sein muss. Schritt für Schritt gewinnen wir so ein vollständiges Profil von seinem Charakter, von der Art von Mensch, nach der wir suchen, und wir wissen, dass er existiert, auch wenn er uns noch nie unter die Augen gekommen ist. Wenn ich mit Christen spreche und herausfinde, wie der Teufel sie attackiert und wozu er sie verleitet, kann ich auch zu ihm eine Akte anlegen und seine Strategie und Tricks und die Art und Weise, wie er denkt, herausfinden." Er besaß also ziemlich viele Hinweise auf die Existenz des Teufels.

Schauen wir uns einmal an, was die Bibel über ihn sagt. Die Bibel stellt ihn nicht als gehörnte Kreatur mit gezackter Schwanzspitze dar – so etwas nehmen wir überhaupt nicht ernst und belächeln es höchstens. Haben Sie Pasolinis Film *Das 1. Evangelium Matthäus* gesehen? Unglaublich, denn er wurde von einem kommunistischen Regisseur gedreht. Die Szene, in der unser Herr durch Satan versucht wird, ist mir noch lebhaft im Gedächtnis.

Unser Herr befand sich draußen in der Wildnis und trug ein traditionelles orientalisches Gewand. Ich dachte noch: Ich bin gespannt, wie Pasolini den Teufel darstellen wird. Wird es die übliche Karikatur sein? Dann ging der Blick der Kamera in die Weite der Wüstenlandschaft und man konnte sehen, wie eine schmale Gestalt langsam und beharrlich gerade auf Jesus zuging. Als sie näherkam und man sie besser erkennen konnte, sah man einen hochintelligenten, geschliffen und glatt auftretenden, gut angezogenen Geschäftsmann. Das war ein brillanter Ansatz. Hier stand ein Mann, von dem man spürte, dass ihm alle Macht zur Verfügung stand, ein Mann, der über alle Reichtümer der Welt zu verfügen schien und der einfach sagen musste: „Tu dies", und sofort würde jemand nach seiner Pfeife tanzen. Er ging mit großen Schritten auf Christus zu und ein Schauer lief mir den Rücken hinunter. Ich dachte, Pasolini hat verstanden. Er unterschätzt oder karikiert oder witzelt nicht über Satan. Die Bibel sagt, dass er eine reale Person ist; die Bibel spricht nie von einem „es", sie spricht immer von einem „er".

Darüber hinaus sagt die Bibel, dass er ein Herz, einen Verstand und einen Willen hat, und was macht eine Person aus, wenn nicht ein Herz, ein Verstand und ein Wille? Sie spricht über die Gefühle des Teufels, seine Gedanken und Motive. Das bedeutet für mich, dass er eine Person ist. Der Teufel ist also kein vage benutztes Wort, in dem alle Mächte des Bösen in dieser Welt zusammengefasst werden. Ich denke auch nicht, dass Satan einfach ein Name für die niedrigen Instinkte der menschlichen Natur ist. Satan ist eine eigene Persönlichkeit. Wenn es überhaupt keine Menschen gäbe, dann würde Satan immer noch existieren. Er ist eine Person mit einem Herzen, das fühlt, einem Verstand, der denkt und einem Willen, der handelt. Gott macht ihn moralisch verantwortlich für das, was er tut, und man kann nur eine Person für etwas moralisch verantwortlich machen. In der Heiligen Schrift hat er verschiedene Namen: Luzifer, Beelzebub, Belial, Satan, Abaddon. Es sind schreckliche Namen, was man erst merkt, wenn man die hebräische Bedeutung kennt.

Darüber hinaus finden wir in der Bibel auch Beschreibungen. „Schlange" ist eine davon. Manche Menschen mögen Schlangen, obwohl ich noch nie verstanden habe, warum. Aber die hier ist eine hinterlistige Schlange. Er wird auch als brüllender Löwe oder als Drache beschrieben. Wären Sie gerne allein in einem Raum mit einer Schlange, einem Löwen oder einem Drachen? Sobald Sie im Namen Jesu beten, befinden Sie sich mit diesen drei Tieren in einem Raum, und wir sollten das nicht auf die leichte Schulter nehmen. Denn genau das trifft auf ihn zu. Sein Charakter wird ebenfalls näher beschrieben: Er ist ein Lügner, Mörder, Verleumder, Ankläger, Feind und Zerstörer. Fangen Sie an, ein Gefühl dafür zu entwickeln, wer er ist? Warum ist er so? Wo kam er her? Hat Gott ihn erschaffen? Ja, Gott hat ihn erschaffen, aber genauso wie Gott den Menschen zunächst gut erschaffen hat und der Mensch sich dafür entschied, es nicht zu sein, so hat er auch Satan gut erschaffen, und dieser wusste auch, was „gut" ist. Die Bibel äußert sich nämlich sehr deutlich und sagt, dass Satan ein Engel war und ist, der zu einer höheren Ordnung von geschaffenen Wesen gehört als der Mensch. Ich fand es faszinierend, als Billy Graham ein Buch über Engel schrieb. Zwanzig Jahre früher hätten die Leute keine Bücher über Engel gekauft, aber es hat sich etwas verändert. Heute ist uns bewusst, dass es eine übernatürliche Welt gibt.

Satan war also ein Engel und bei Gott im Himmel und ursprünglich war er auch gut. Warum hat er sich dann dafür entschieden, diesen Weg einzuschlagen? Er entschied sich für diesen Weg aus demselben Grund, warum wir uns dafür entscheiden: Er wollte lieber etwas für sich selbst haben als für Gott zu leben. Und er wollte sagen können: „Mein ist das Reich und die Kraft und die Herrlichkeit in Ewigkeit." – „Mein" anstatt „dein". Wenn wir die Rebellion des Menschen gegen Gott zurückverfolgen, stoßen wir auf dasselbe Motiv: er wollte „mein" sagen können anstatt „dein".

Sein Motiv ist darum in erster Linie Stolz und damit Sünde, was wiederum zu Hass führt, und dieser Hass führt zu Zerstörung, sodass man lieber einreißt als aufbaut. Darum spielt Satan auch eine rein destruktive Rolle in der Gesellschaft.

Jesus selbst nahm Satan ausgesprochen ernst. Er machte nie Witze über ihn; er lachte ihn nie aus und karikierte ihn nie. Denken Sie an einige der Titel, die Jesus Satan gab. Er nannte ihn den Fürsten dieser Welt. Als Satan Jesus alle Königreiche der Welt anbot, sagte Jesus nicht, dass es ihm nicht zustünde, diese zu verteilen, denn er wusste sehr wohl, dass es Satan zustand, sie zu verteilen. Es ist ein schrecklicher Gedanke, wenn man wirklich begreift, dass die Welt, in der wir leben, von Satan beherrscht wird. Er ist der Fürst dieser Welt, aber wir wollen noch einen Schritt weiter gehen. Kennen Sie noch einen anderen Titel, den Jesus Satan gab? Er sprach von ihm nicht nur als dem Fürsten dieser Welt, sondern auch als „Gott" dieser Welt. Die einzige andere Person neben seinem himmlischen Vater, für die Jesus jemals dieses Wort verwendete, war Satan. Er lehrte, dass sein eigener himmlischer Vater Gott über alles ist, aber Satan ist in dieser Welt Gott, was ganz einfach bedeutet, dass Satan nicht nur die Wissenschaft, Pädagogik und Politik zu seinen eigenen Zwecken manipulieren kann, sondern wirklich der Gott ist, den die meisten Menschen auf der Erde anbeten, ob sie es nun wissen oder nicht. Hinter so viel Religion, hinter so viel Aktivismus ist Satan derjenige, der angebetet wird – sogar bei einigen, die jeden Sonntag zur Kirche gehen. In Wirklichkeit ist er ihr Gott, denn sie beten die Dinge an, die er ihnen anbietet. Sie wollen die Dinge der Welt, zu der er gehört und über die er herrscht, statt dass sie ihr Denken auf die Dinge ausrichten, die oben sind, wo Jesus ist. Und wenn Sie diese Welt wollen und wenn Sie die Dinge dieser Welt wollen, dann gebe ich Ihnen einen Rat:

Machen Sie Satan zu Ihrem Gott. Wenn Sie diese Welt wollen, dann ist er ein wunderbarer Gott, denn er wird Ihnen geben, was Sie wollen, unter einer Bedingung – es gibt immer einen Preis, den man bezahlen muss, und wenn die Rechnung kommt, dann sind Sie vielleicht nicht mehr ganz so glücklich. Aber er wird es Ihnen geben. Er kann Ihnen Geld, Ruhm, alles, was Sie wollen, geben, weil er darüber verfügen kann. *„Woher kommst du?"*, fragt Gott im Buch Hiob. *„Vom Durchstreifen der Erde und vom Umherwandern auf ihr."* Er war umhergezogen und hatte sich seine Besitztümer angeschaut.

Ich möchte aber auch ganz deutlich sagen, dass Gott deshalb nicht hilflos in dieser Welt ist. Es bedeutet – und wir müssen das bis zum Ende durchdenken – dass Gott Satan den Fürsten dieser Welt und ihr Gott sein lässt. Er lässt es zu. Sie fragen sich vielleicht, was Gott sich eigentlich dabei denkt, wenn er so etwas zulässt. Meine Antwort lautet: Was denkt er sich eigentlich dabei, dass er Sie so sein lässt, wie Sie sind? Warum sollten Sie ihm die Schuld dafür geben, dass er zuließ, dass Satan sich auflehnte, wenn er es bei Ihnen auch zugelassen hat? Die Antwort ist ganz einfach. Gott ist ein Vater und er zwingt keines seiner Geschöpfe dazu, seinen Wegen zu folgen. Er gibt Ihnen die Freiheit zu rebellieren. Wir dürfen nicht meckern, dass er den Engeln die Freiheit gibt, wo sie doch eine höhere Intelligenz und Stärke haben, weil er uns dieselbe Freiheit gibt und wir sie ebenfalls missbraucht haben. Das ist die Art von Persönlichkeit, die er ist.

Unter allen Orten des Universums hat Satan besondere Vollmacht über die Erde und ein besonderes Interesse an ihr. Die Bibel gibt uns keinen Hinweis darauf, dass Luzifer, der Morgenstern, der von seinem Platz im Himmel gefallen ist, mehr als die Erde und ihre Atmosphäre kontrollieren würde. Manchmal wird er auch als Fürst der Mächte der Lüfte bezeichnet. Immer wenn ich bete, liegt also zwischen mir und der himmlischen Welt die Luft, und ich bete durch das Territorium des Fürsten der Finsternis hindurch, der sich geschworen hat, auf Erden ein Königreich der Krankheit, ein Königreich des Todes und ein Königreich der Finsternis zu errichten, in dem er das letzte Wort hat.

Unter Christen finden sich zwei Extreme. Es gibt diejenigen, die über Satan witzeln, was ein großer Fehler ist. Lesen Sie einmal das Buch *Dienstanweisung für einen Unterteufel*, aber nicht als Komödie, sondern lesen Sie es als Tragödie, denn es ist ein tragisches Buch. Es ist ein wunderbares Buch, wenn man Satan verstehen will, aber lachen Sie nicht darüber. Lachen Sie höchstens über sich selbst, aber nicht über Satan.

Andere Christen haben eine andere merkwürdige Einstellung ihm gegenüber: Sie geben ihm für alles, was schiefläuft, die Schuld und machen ihn zum Sündenbock. Aber ich glaube nicht, dass er für alles verantwortlich ist, was in meinem Leben schief geht. Ich denke noch lebhaft an einen Mann, der mir einmal erzählte, wie er vergessen hatte, den Wecker zu stellen. Er stand zu spät auf, schlang sein Frühstück hinunter, bekam Magenkrämpfe, rannte zur S-Bahn, erreichte sie erst, als der Zug gerade abfuhr, kam zu spät ins Büro und kassierte eine Abreibung für seine Verspätung. Diese Abreibung gab er an jemanden weiter, der ihm unterstellt war. Am Abend kam er nach Hause und erzählte später im Hauskreis: „Heute hatte es der Teufel wirklich auf mich abgesehen." Ich glaube nicht, dass der Teufel zu irgendeinem Zeitpunkt seines Tagesablaufs involviert war. Er hatte einfach vergessen, seinen Wecker zu stellen!

Es gibt drei Quellen der Versuchung: die Welt, das Fleisch und den Teufel. Aber man kann nicht alles auf den Teufel schieben. Wir brauchen an dieser Stelle ein ausgewogenes Denken. Während manche Leute ihn nicht ernst nehmen und andere ihm für alles die Schuld in die Schuhe schieben, nimmt ein ausgewogener Christ den Teufel tatsächlich sehr ernst. Ich hoffe nur, dass Ihnen eine direkte Begegnung mit ihm erspart bleibt, denn das kann ziemlich Angst einflößend werden und wir überstehen so etwas nur, weil wir wissen, dass er ein Feind ist, der schon besiegt ist.

Wussten Sie, dass es zwei Bücher in der Bibel gibt, die der

Teufel mehr als alle anderen 66 hasst? Es gibt zwei, die mehr über ihn aussagen als alle anderen und diese beiden hat er schärfer attackiert als alle anderen. Das eine steht ganz am Anfang und das andere ganz am Schluss: das 1. Buch Mose und die Offenbarung. Und wissen Sie auch, warum er diese Bücher so hasst? Weil das 1. Buch Mose seine Methoden beschreibt und die Offenbarung sein Ende. Und darum hat es mehr wissenschaftliche Anfechtungen gegen das 1. Buch Mose gegeben und mehr Versuche, seinen Inhalt von den Fakten weg ins Reich der Mythen und Legenden zu verdrängen als bei jedem anderen Buch der Bibel. Warum? Weil Satan nicht will, dass wir glauben, dass sich 1. Mose 3 jemals ereignet hat. Er will nicht, dass Sie erfahren, wie er Eva verführte, er will nicht, dass Sie glauben, dass er auf diese Weise mit dem allerersten Ehepaar gesprochen hat. Satan attackiert das 1. Buch Mose.

Aber das andere Buch, das er mehr als alle anderen hasst, ist die Offenbarung, denn dort treffen wir beim Lesen unwillkürlich auf die Stelle, an der der Teufel selbst in den Feuersee geworfen wird. Er wird zuerst gefangen genommen und darf die Menschen nicht mehr versuchen – und schließlich wird er am Ende in den Feuersee geworfen. Er hasst diesen Teil abgrundtief, und ich werde Ihnen nun etwas erzählen, was Ihnen ein wenig Angst machen wird. Wenn ich über die Offenbarung predige, erlebe ich mehr Störungen und Pannen im Gottesdienst als bei jeder anderen Predigtreihe. Einmal kam ich genau zu diesem Kapitel und legte es Stück für Stück in der Predigt aus und ein Mitschnitt wurde angefertigt. Kurze Zeit später erreichten die Aufnahmen dieser Predigtreihe etwa 60 Kilometer von meiner Kirche entfernt an der Südküste Englands eine Familie von frisch gebackenen Christen. Die Ehefrau war gerade mal 6 Monate Christ, der Ehemann und ihr Teenager waren gerade erst zum Herrn gekommen und so bauten sie ihren Glauben auf, indem sie diese Aufnahmen anhörten. Sie hörten die Predigten zur Offenbarung und kamen zu der Aufnahme, die den Fall Satans beschrieb. Sie saßen in einem ganz normalen Wohnzimmer und hörten zu, aber in dem Moment als ich Satan erwähnte, wurde meine Stimme auf dem Tonband von einer quietschenden fremden Sprache überlagert, sodass man nicht mehr verstehen konnte, was ich sagte. Sie erschraken fürchterlich und baten daraufhin einen Pastor, den ich gut kenne, zu ihnen zu kommen. Sie erzählten ihm was passiert war: „Etwa sieben Minuten lang konnten wir nicht ein Wort von dem verstehen, was Mr. Pawson sagte." Er bat sie: „Darf ich das Band noch einmal anhören?" Sie spielten es ein zweites Mal ab und dieses Mal war sieben Minuten lang kein Nebengeräusch zu hören. Jetzt verstehen Sie vielleicht etwas besser, über wen ich hier spreche. So ernst ist es. Er hasst es, wenn Menschen die Wahrheit über ihn erzählen und Menschen warnen, was seine Absichten angeht. Also nehmen Sie ihn ernst.

Aber ich muss Ihnen auch sagen, dass die Bibel sehr deutlich darüber spricht, dass Satan bereits besiegt ist, und wenn er Sie angreift, dann blufft er nur. Decken Sie sein falsches Spiel auf. Wenn Sie getauft sind, dann sprechen Sie: „Satan, ich bin nicht nur tot, ich bin auch begraben. Du sprichst mit einem toten Menschen." Wissen Sie nicht, dass Sie in der Taufe mit Christus begraben wurden? Das ist der Punkt bei der Taufe: wir feiern bei der Taufe die Beerdigung einer Person, die gestorben ist, und die Beerdigung hilft Ihnen, sich vom alten Leben zu verabschieden. Es bedeutet: Es ist vorbei, das ist das letzte Mal, dass ich dieses Leben sehe. Satan mag es aus diesem Grund nicht, wenn Menschen getauft werden. Er möchte nicht, dass wir eine öffentliche Beerdigung von jemandem feiern, der gestorben ist. Denn wenn wir uns selbst für tot halten und sein falsches Spiel aufdecken und sagen: „Ich bin tot und begraben. Satan, du hast meine Beerdigung erlebt, du warst dabei und weißt, dass ich tot und begraben bin. Hör also damit auf, mich in Versuchung führen zu wollen", dann werden wir zu unserer großen Freude feststellen, dass er gehen muss. *Widersteht dem Teufel und er wird von euch fliehen.* – Sie können ihm auf dem Boden des Wortes Gottes und der Fakten widerstehen.

Nun wollen wir über seine Beziehung zum Gebet nachdenken. Seit Jesus kam und starb und auferstand und in die Herrlichkeit zurückkehrte, konzentriert sich Satans Werk auf Erden darauf, alles, was Jesus aufbaut zu zerstören, wo er nur kann. Darum warne ich jeden, den ich taufe, dass er erwarten soll, dass der Teufel bald versuchen wird, ihm auf irgendeine subtile Weise diesen Segen zu rauben. Das ist es, was er mit Jesus zu tun versuchte. Welchen Segen hatte Jesus bei seiner Taufe erhalten? Der Segen, den Jesus hatte, war die Bestätigung seiner Sohnschaft. *„Du bist mein geliebter Sohn."* Was wollte der Teufel ihm also in den nächsten sechs Wochen einreden? Der Teufel sagte: *„Wenn du wirklich Gottes Sohn bist ..."* So versuchte er, den Samen des Zweifels auszustreuen, was genau diese Bestätigung durch Gott betraf. Genauso versucht er alles zu zerstören, was Jesus aufbaut.

Wir müssen uns jetzt noch mit zwei Themen befassen. Das erste ist eher negativ, nämlich, was der Teufel uns im Gebet antun kann. Das zweite ist positiver, nämlich was wir ihm im Gebet antun können.

Wir wollen mit dem beginnen, was er uns im Gebet antun kann. Wenn er der Fürst der Macht der Luft ist, dann liegt sein Territorium, wo immer ich mich innerhalb der Atmosphäre dieser Erde befinde, wenn ich bete, zwischen mir und dem Himmel, wie ich bereits erwähnt habe. Ich muss durch feindliches Gebiet dringen, um mit Gott zu kommunizieren. Das ist meine Schwierigkeit.

Also wird der Teufel zweierlei versuchen: Er wird versuchen, mich vom Gebet abzuhalten und wenn ihm das zunächst nicht gelingt, es zu verderben. Aber wir wissen um seine Tricks, denn Gott sei Dank berichtet die Bibel darüber. Wie behindert er mein Gebet? Nun, abhängig von meinem Temperament wird er einen der drei Bereiche, die meine Persönlichkeit ausmachen, angreifen. Ich habe ein Herz, einen Verstand und einen Willen, und abhängig von meinem Temperament greift er einen dieser drei Bereiche an. Er attackiert meinen Willen – meinen Willen zu beten. Er kann mich bei meiner Bequemlichkeit packen. Wer hat das noch gesagt, dass Gebet die Kraft ist, bei der Verstand über Matratze siegt? Haben Sie diese Definition schon einmal gehört? Wenn er nicht unsere Bequemlichkeit benutzt, dann kann er unsere Geschäftigkeit benutzen und uns mit anderen Dingen beschäftigen. Nehmen wir einmal an, Sie sind nicht der Typ, dessen Wille angegriffen werden kann, dann kann er immer noch Ihren Verstand attackieren und Ihre Gedanken mit einer Menge Fragen füllen, z. B. ob Beten wirklich hilft – und mit allerlei philosophischen Argumenten. Ein Dogma, das der Teufel einfach zu gerne benutzt, ist das der Vorherbestimmung. Er behauptet, alles sei sowieso vorherbestimmt. Gott hat seine Entscheidungen schon getroffen und Beten kann nichts daran ändern, außer, dass wir dem zustimmen, was Gott bereits beschlossen hat. Glauben Sie das nicht, Gebet kann sogar Gottes Gedanken ändern. Der Teufel füttert Ihre Gedanken also mit Zweifeln, was die Wirksamkeit des Betens angeht.

Wenn Sie ein Mensch sind, der eher emotional ist, dann kann er mit Ihren Gefühlen spielen, was das Beten betrifft. Er kann sagen: „Sie spüren doch überhaupt nichts, oder? Also passiert auch nichts." Oder er bedient sich der Gefühle, die Sie in Ihrem Herzen tragen, und lenkt sie auf eine andere Person, sodass sie auf jemand anders übergehen, und Sie beim Beten keine Empfindungen mehr für Gott übrighaben. Er kann einen jungen Mann beeinflussen und all seine Gefühle so auf eine junge Dame konzentrieren, dass der junge Mann keine Zuneigung mehr für den Herrn übrighat, und so sein Herz Gott stehlen.

Ich weiß nicht, wo er Sie am meisten angreift, aber entweder ist es Ihr Wille, den er schwächt, Ihr Verstand, den er verwirrt, oder Ihr Herz, das dem Herrn gegenüber leer und hohl an Empfindung wird. Egal wie er es tut, auf diese Weise schafft er es, Sie vom Beten abzuhalten. Darum glaube ich ehrlich, dass Beten dann am wertvollsten ist, wenn Ihnen nicht danach ist oder Sie darum

Gegen den Teufel beten

kämpfen müssen oder wenn Ihr Denken so verwirrt ist wie das von Hiob, und Sie trotzdem weiter mit Gott reden.

Wie versucht Satan aber dann Ihr Gebet aufzuhalten, wenn Sie erst einmal damit begonnen haben? Ich denke, das lässt sich wie folgt zusammenfassen: Er versucht, Ihrem Gebet die Ausgewogenheit zu nehmen. Bei manchen Menschen bedeutet das, dass er sie dazu bringt, dass sie endlos beten und dabei meinen, dass die Länge ihrer Gebete den Himmel bewegen könnte. Bei anderen Menschen versucht er, dass sie sich nur noch aufs Loben verlegen und nicht mehr bitten. Wieder andere bitten nur noch und danken nicht mehr und bekennen auch nicht ihre Sünden. Er wird versuchen, Sie aus dem Gleichgewicht zu bringen.

Ich führte einmal eine Diskussion mit jemandem, der meinte, vorbereitete Gebete, Gebete aus Büchern und feste Formulierungen hätten im Gottesdienst nichts verloren, sondern alle Gebete sollten spontan sein.

„Selbst wenn alles Sprachengebet wäre", meinte er, „dann wäre das immer noch besser." Das entbehrt aber jeder Ausgewogenheit, und der Teufel will unser Gebet aus dem Gleichgewicht bringen. Er mag solche Leute wie Paulus nicht, der einmal sagte:

„Ich will im Verstand beten und ich will im Geist beten; ich werde beides tun." Im Neuen Testament gab es nicht nur improvisierte, spontane Gebete, sondern dort heißt es: *Sie verharrten aber in der Lehre der Apostel und in der Gemeinschaft, im Brechen des Brotes und in DEN Gebeten* – und das waren die liturgischen Gebete.

Gebete, die in Büchern stehen, sind nicht falsch, wenn sie vom Heiligen Geist inspiriert wurden. Der Teufel möchte uns aus dem Gleichgewicht bringen, sodass wir uns nur auf eine Form des Betens beschränken. „Nur wenn es frei gesprochen wird, handelt es sich um ein echtes Gebet." Haben Sie so etwas Ähnliches schon gehört? „Gebete, die in einem Buch stehen, sind keine echten Gebete." Manchmal, wenn es uns mit unserem eigenen

Gebetsleben nicht besonders gut geht, ist es sinnvoll, auf ein Gebetbuch zurückzugreifen und eine Zeit lang die Gebete eines anderen zu verwenden und sich durch dessen Gemeinschaft mit Gott erfrischen zu lassen. Lernen Sie vom Heiligen Geist durch die Art, wie andere beten. Warum nicht? Es macht Ihnen doch auch nichts aus, einen Choral aus einem Liederbuch zu singen, stimmt 's? Befassen Sie sich mit den Versuchungen unseres Herrn und Sie werden herausfinden, wie er dem Teufel im Gebet entgegentrat und den Teufel immer wieder dabei aufhalten konnte, einen Keil zwischen ihn und seinen himmlischen Vater zu treiben. Er hat insbesondere die Bibel dazu benutzt – dreimal warf er dem Teufel dieses Buch an den Kopf.

Zwei Dinge wird der Teufel also versuchen: er wird Sie daran hindern wollen, durch Ihr Herz, Ihren Verstand und Ihren Willen zu beten. Er wird versuchen, Ihr Gebet unwirksam zu machen, indem er Sie aus dem Gleichgewicht bringt und Sie in eine einzige Form des Gebets oder einen einzelnen Aspekt des Gebets abdriften lässt, sodass Ihr Gebet schließlich schal wird, weil es nicht variantenreich genug ist. Bald wird dann nur noch ein Ritual übrig sein, oder die alte Leier – und es ist schwer zu sagen, was schlimmer ist.

Nun wollen wir uns aber der positiven Seite zuwenden: was wir dem Teufel im Gebet antun können. Das ist aufregend. Wir können ihn im Gebet ausschalten. Im Neuen Testament wird uns gesagt, dass wir die Initiative gegen ihn ergreifen sollen. Wissen Sie, dass Jesus uns gesagt hat, wir sollen täglich gegen den Teufel beten? Wir finden dies in dem Gebet, das er seine Jünger lehrte, als sie ihn baten: *„Herr, lehre uns beten."* Er sagte, sie sollten so beten:

„Unser Papa im Himmel", und dann um die Dinge bitten, die er will: dass sein Name geheiligt wird, sein Reich kommt, sein Wille auf Erden geschieht wie im Himmel. Danach sollten sie für die Dinge beten, die sie selbst brauchten – Nahrung, Vergebung. Dann sagte er ihnen, sie sollten ihr Gebet folgendermaßen abschließen:

„Und erlöse uns von DEM Bösen."

In unserer Übersetzung wird das nicht immer deutlich. In unserem Denken haben wir den Bösen in eine Sache verwandelt, aber es handelt sich an dieser Stelle nicht um eine Sache, sondern um eine Person. Es gibt im ganzen Universum nichts Böses außerhalb von Personen. (Und es gibt auch keine Liebe im Universum außerhalb von Personen, die Liebe üben.) Der Böse ist durch und durch etwas Personales, also lehrte Jesus seine Jünger, täglich zu beten: *„Erlöse uns von dem Bösen."* Beginnen Sie Ihr Gebet mit einem Gedanken an Ihren Papa im Himmel, aber beenden Sie Ihr Gebet, indem Sie sich gegen den Teufel auf Erden stellen. Wir können durch Gebet von der Macht des Bösen befreit werden.

Es gibt laut Bibel drei Dinge, die der Teufel den Menschen antun kann, und Gebet kann sie von allen drei Dingen befreien. Zuerst kann er ihre Körper mit Krankheit binden. Das bedeutet nicht, dass alle Krankheit von Satan kommt oder Gott jede Krankheit auf unser Gebet hin beseitigt. Auch wenn Krankheit von Satan kommt, nimmt Gott sie nicht immer weg. Ein klassischer Fall dafür findet sich in 2. Korinther 12, wo Paulus schreibt, dass er einen „Dorn im Fleisch" habe. Ich glaube, dass hier die naheliegendste Auslegung zutrifft, nämlich dass er ein körperliches Handicap hatte. Dreimal betete er, dass Gott ihn und seinen Körper von diesem Boten Satans befreien möge, aber Gott lehnte ab. So würde Paulus demütig bleiben, damit die Menschen an ihm erkennen können, dass Gottes Gnade genügt. Das ist aber kein Grund, jeden Menschen in solch einem Zustand zu belassen, außer in diesem Fall eben bei Paulus.

Einmal kam eine Frau mit einem bestimmten Leiden zu Jesus. Haben seine Jünger sie überhaupt wahrgenommen? Haben sie überhaupt gesehen, was mit ihr los war – dass sie eine Gebundene war? Dass Satan sie körperlich 18 Jahre lang als Geisel genommen hatte? Jesus erkannte es und befreite sie. Das zeigt die andere Seite.

PRAKTISCHE ANLEITUNG ZUM GEBET

Satan kann unseren Körper binden. Etwas, das er meiner Gemeinde einmal antat, um unser Werk zu behindern, war, dass einer nach dem anderen mit Krankheit geschlagen wurde. Im Namen Jesu erklärte ich damals, und ich tue das auch heute noch, dass er nicht siegen, sondern verlieren wird, aber er kämpft immer noch auf dieselbe Weise gegen uns.

Wenn Gebet uns von Satan befreien kann, von dem Bösen, dann ist es richtig, wenn wir für die Kranken beten. Es ist richtig, Jesus zu bitten, dass er unsere Petition um Gesundheit für einen Bruder oder eine Schwester im Herrn unterschreibt.

Das zweite, was Satan tun kann, ist, die Gedanken der Menschen zu verblenden. Der Gott dieser Welt hat ihren Verstand verfinstert, sodass sie nicht sehen können, sagt die Schrift. Ich bin des Öfteren schon ziemlich intelligenten Menschen begegnet – Gelehrten, Professoren, Menschen mit einem IQ, der weit über meinem liegt – und das Unglaubliche für mich ist, dass diese Leute scheinbar jedes Thema meistern können, außer die einfache Wahrheit über Gott. Sind Sie schon solchen Menschen begegnet? Sie sind klug, aber wenn Sie mit ihnen über Gott reden, dann begreifen sie gar nichts. Herr, ich danke dir, dass du dies vor solchen Menschen verborgen hast und es den Säuglingen und Kleinkindern offenbart hast, weil die meisten von uns erledigt wären, wenn der Himmel nur für hohe IQs bestimmt wäre! Wir können beten:

„Befreie uns von dem Bösen." Darum können wir auch dafür beten, dass die Verblendung vom Verstand dieser brillanten Intellekte genommen wird.

Satan bindet also menschliche Körper und Gebet kann Menschen physisch aus Satans Händen befreien. Er kann den menschlichen Verstand verblenden und Sie können einen Menschen durch das Gebet von seinem verblendeten Verstand befreien. Was tut Satan sonst noch?

Er kann auch den Geist eines Menschen gefangen nehmen und ihn so fest an eine Religion binden, dass er Gott fernbleibt.

Das klingt vielleicht ungewöhnlich, aber der größte Feind des Christseins ist Religiosität – inklusive der Religion Englands, die „Kirchentum" heißt – sowie andere Religionen. Was ist das größte Problem, dem sich Missionare stellen müssen? Es ist die Religion, die Menschen bereits haben. Satan weiß, dass der Mensch ein religiöses Wesen ist. Er weiß, dass der Mensch betet, und dass es ein gottförmiges Loch in der menschlichen Seele gibt; er weiß aber auch, wenn das Loch ungefüllt bleibt, dass die Menschen sich irgendwann auf die Suche nach Gott machen werden und ihn womöglich zu ihrem Glück finden werden. Was also macht Satan? Er füllt dieses Loch mit einer Religion aus. Mittlerweile sind auch alle möglichen neuen Religionen entstanden, und am Horizont tauchen schon weitere auf.

Satan will den Menschen physisch gefangen nehmen und ihn durch Krankheit an sich binden; er will sein Denken gefangen nehmen und ihn mit Verwirrung und Zweifel binden; er will den Geist des Menschen gefangen nehmen und ihn an Religiosität binden. Wenn es etwas gibt, dessen ein Christ sich freuen kann, dann dessen, dass er von Religion befreit wurde. Freuen Sie sich darüber? Wenn Menschen mit Ihnen über „Religion" sprechen, fühlen Sie sich dann merkwürdig und wissen nicht recht, was Sie sagen sollen? Vielleicht könnten Sie antworten:

„Also ich bin nicht religiös – ich bin Christ!"

Satan ist völlig zufrieden, wenn Menschen eine Religion haben. Aber durch Gebet können wir den Starken binden und ihm seinen Besitz rauben. So hat Jesus über Satan gesprochen. Er lehrte Folgendes: Wenn ich eine Person von einer Krankheit oder Besessenheit oder etwas anderem freisetze, was tue ich dann? Ich binde den Starken und raube ihm seinen Besitz. Aber er lehrte, dass wir den Starken zuerst binden müssen. Man bricht nicht in das Haus eines starken Menschen ein, bevor man ihn gefesselt hat. Das Herrliche daran ist, dass wir durch das Blut Jesu Satan binden können und ihm dann seinen Besitz rauben. *„Führe uns nicht in Versuchung, sondern erlöse uns von dem Bösen."*

PRAKTISCHE ANLEITUNG ZUM GEBET

Ich habe bereits gesagt, dass Beten bedeutet, in einen Kampf einzutreten. Wir bewegen uns damit an die Frontlinie. Paulus aber würde sagen, wir steigen in einen Ring. Er würde sagen, dass Beten eher wie Ringen ist – und nicht, dass wir Satan aus großer Entfernung beschießen. Wir kommen Satan und den Mächten des Bösen so nahe, dass es uns manchmal so vorkommen wird, als würden wir direkt mit ihm ringen. Das ist sehr nahe. Es gibt Zeiten, da fühlt sich das Böse so real an, dass wir es fast berühren und beinahe riechen können.

Wie werden Sie diesen Kampf gewinnen? Ich denke, die Antwort lautet, dass es eine spezielle Bekleidung für Ringer gibt. Was sollte ein Christ tragen, wenn er betet? Haben Sie schon einmal darüber nachgedacht? Ich empfehle nicht, Schlafmantel und Pantoffeln zu wählen! Ich empfehle Ihnen die ganze Waffenrüstung Gottes. Das ist es, was Sie brauchen werden – und ich meine damit die gesamte Waffenrüstung, und nicht nur Teile davon. Wenn Sie ein Teil der Rüstung vergessen, bekommen Sie das Problem, dass der Feind Sie genau an dieser Stelle angreifen wird. Das passiert beim Ringen, Boxen und jeder anderen Nahkampf-Sportart: Der Gegner sucht nach dem Schwachpunkt, nach der Lücke in der Verteidigung. Wenn Paulus also über das Beten schreibt und uns sagt, dass wir die ganze Waffenrüstung Gottes anlegen sollen, dann werden wir sie auch brauchen. Wenn Sie einen Teil weglassen, werden Sie den Kampf verlieren. Achten Sie darauf. Sie brauchen die Wahrheit. Schnallen Sie den Gürtel eng!

Wie mein Vater arbeitete auch ich als Junge auf einem Bauernhof. Ich kann mich noch daran erinnern, wie er mir von einem großen, schweren Iren erzählte, der früher auf dem Hof gearbeitet hatte. Immer bevor er sich bückte, um einen schweren Sack aufzuheben, nahm er seinen breiten Ledergürtel und schnallte ihn zwei Löcher enger, bevor er den Sack anhob. Wenn er seinen Gürtel enger geschnallt hatte, war er bereit. Auf diese Weise gestützt, bückte er sich und hob den Sack auf.

Gegen den Teufel beten

Paulus sagt: Wenn ihr betet, dann schnallt euch den Gürtel der Wahrheit um. Versichert euch, dass die Wahrheit euch stützt. Es geht nicht darum, wie man sich fühlt oder dass man in der richtigen Stimmung ist, sondern dass man sich mit der Wahrheit gürtet. Dann sagte er, wir sollen unser Herz mit Gerechtigkeit bedecken, denn es wird schwierig, wenn wir mit einem schlechten Gewissen beten wollen. Das muss in Ordnung sein. Bedecken Sie Ihr Herz mit dem Brustpanzer der Gerechtigkeit, denn dann kann Ihr Gewissen Sie nicht verdammen, wenn Sie beten. Dann sagt er, dass unsere Füße bereit sein sollen, mit dem Evangelium loszulaufen, wenn wir richtig beten wollen. Sind Sie darauf vorbereitet, das Evangelium zu jemandem zu tragen, nachdem Sie gebetet haben? Wenn dem so ist, dann kann Satan Sie nicht auf falsche Wege bringen. Wie steht es mit Ihren Waffen? Sie brauchen einen Schild und müssen damit umgehen können. Denn es werden feurige Pfeile auf Sie abgeschossen werden. Das war eine der beliebtesten Waffen in der Antike: Ein in Pech getränkter und in Brand gesetzter Pfeil war eine tödliche Waffe. Darum hatten die Römer große, schwere Schilde, die ziemlich dick und aus weichem Holz gefertigt waren. Ein brennender Pfeil blieb im weichen Holz stecken und verglühte. Paulus sagte, dass wir den Schild des Glaubens einsetzen sollen. Glauben Sie wirklich, dass Gott Sie hört? Sie werden diesen Schild brauchen. Dann erinnert uns Paulus noch daran, dass wir unseren Kopf schützen müssen. Schweifen Sie in Gedanken gerne ab? Natürlich. Ich habe Ihnen schon einen Vorschlag gemacht, wie Sie diese Schwäche überwinden können, nämlich Ihre Gedanken laut auszusprechen anstatt sie nur zu denken. Aber der beste Schutz gegen abschweifende Gedanken ist, sein Denken mit Gedanken des Heils zu füllen: Setzen Sie sich den Helm des Heils auf und füllen Sie Ihren Kopf mit Gedanken des Heils. Sie könnten damit anfangen, beispielsweise zu beten: „Gott, du hast mich errettet. Daran will ich jetzt denken." Das ist ein guter Gedanke, der uns nicht abschweifen lässt.

Haben Sie bemerkt, dass wir bisher nur über die Defensive gesprochen haben? Aber dem Teufel gegenüber wollen wir nicht nur in der Defensive bleiben, sondern auch angreifen, also brauchen wir noch eine weitere Waffe: ein Schwert – das „Schwert des Geistes". Die Scheide des Schwertes befindet sich am Gürtel der Wahrheit und manche gehen davon aus, dass das Schwert des Geistes die gesamte Schrift ist, aber das ist nicht der Fall. Der Gürtel ist die Bibel, denn der Gürtel steht für die Wahrheit. Das Schwert, das man zieht, ist das Wort, das der Geist in dieser Situation aus der Wahrheit herausholt. Jedes Mal, wenn Jesus dem Teufel antwortete, zog er ein anderes Schwert aus seinem Gürtel und griff ihn damit an.

Lassen Sie dem Teufel nicht seinen Willen. Legen Sie die gesamte Waffenrüstung an, denn dann steht Ihnen die Angriffswaffe des passenden Wortes aus der Schrift zur Verfügung, das der Heilige Geist für Sie aus der Wahrheit herausgreift. Es kann ein Wort aus der Bibel oder ein direktes Wort des Geistes sein, das so nicht in der Bibel steht, aber ein Wort des Geistes, das er Ihnen von Gott gibt, um den Teufel damit anzugreifen. Sagen Sie: „Sei still und verschwinde!" – und Sie werden feststellen, dass er es tut. Sie werden sich an jenem Tag verteidigen können und genauso angreifen. Es ist ein Kampf bis zum Letzten und deshalb ist das Gebet viel schwieriger für Christen als für andere, weil der Teufel das Gebet der Christen hasst – viel mehr als tibetanische Gebetsmühlen oder muslimische Gebetsteppiche. Er hasst den Namen Jesu, weil vor Jesus – dem Namen, der über allen Namen in der Hölle, auf Erden oder im Himmel ist – Engel und Menschen niederfallen und Teufel sich fürchten und fliehen. Glauben Sie das? Dann beten Sie, dass das Blut Jesu nicht nur das Werk bewahrt, das bereits besteht, sondern es zur Ehre Gottes erweitert. Beten Sie gegen Satan, der die Mitglieder von Glaubensgemeinschaften auch in diesem Moment angreift und versucht sie lahm zu legen; der versucht, die Gedanken von Menschen zu verwirren, und ihnen Religion zu geben anstatt eine Beziehung zu Christus. Darum lassen Sie uns beten: Herr, befreie uns von dem Bösen. Denn dein ist das Reich – nicht seines – und dein ist die Kraft und dein ist die Herrlichkeit in Ewigkeit. *Amen.*

Gebet
Danke, Herr, dass du den Teufel heute im Zaum gehalten hast. Wir beten jetzt, im Namen Jesu, dass jene, die er in diesem Augenblick quält, befreit werden und die Freiheit der Kinder Gottes an Körper, Verstand und Geist erfahren. Herr, uns war nicht bewusst, wie sehr er uns im Griff hatte, bis wir dich kennenlernten. Dann erkannten wir, wie mächtig, subtil und intelligent er ist. Aber Herr, wir danken dir, dass er Jesus nie ebenbürtig sein kann und dass er sich mit dem Kreuz übernommen hat. Herr, gib uns den Sieg, wir beten nicht um unsertwillen, sondern um deines heiligen Namens willen. Mögen die Gebete unserer Gemeinden mächtiger sein als der Fürst dieser Welt und alle seine Mächte, denn wir bitten dies im Namen Jesu, unseres Herrn und Erlösers. *Amen.*

Kapitel 5

MIT DEN HEILIGEN BETEN

Während Petrus und Johannes noch zu der Menge sprachen, kamen die obersten Priester, der Hauptmann der Tempelwache und ein paar Sadduzäer zu ihnen herüber. Als sie hörten, wie Petrus und Johannes lehrten, dass es eine Auferstehung der Toten gebe, und zum Beweis dafür auf Jesus verwiesen, waren sie höchst beunruhigt. Sie ließen die beiden festnehmen, und da es schon Abend war, sperrten sie sie bis zum Morgen ein. Doch viele der Menschen, die ihre Botschaft gehört hatten, glaubten daran, sodass die Zahl der Gläubigen auf etwa fünftausend Männer anstieg, Frauen und Kinder nicht mitgerechnet. Am nächsten Tag trat in Jerusalem der Hohe Rat zusammen, bestehend aus den führenden Männern des jüdischen Volkes sowie den Ältesten und Schriftgelehrten. Der Hohe Priester Hannas sowie Kaiphas, Johannes, Alexander und weitere Verwandte des Hohen Priesters waren ebenfalls anwesend. Die beiden Jünger wurden hereingeführt und gefragt: „Mit welcher Kraft oder in wessen Namen habt ihr das getan?"

Da wurde Petrus vom Heiligen Geist erfüllt und sprach zu ihnen:

„Ihr führenden Männer und ihr Ältesten unseres Volkes, werden wir verhört, weil wir einem Gelähmten Gutes getan haben? Wollt ihr wissen, wie er geheilt wurde? Ich erkläre vor euch und dem ganzen Volk Israel, dass er im Namen des Jesus Christus von Nazareth geheilt wurde, des Mannes, den ihr gekreuzigt habt, den Gott aber von den Toten auferweckt hat. Denn Jesus ist ‚der Stein, den ihr Bauleute verworfen

habt, der nun zum Eckstein geworden ist.' In ihm allein gibt es Erlösung! Im ganzen Himmel gibt es keinen anderen Namen, den die Menschen anrufen können, um errettet zu werden."

Die Mitglieder des Hohen Rats waren erstaunt, wie furchtlos und sicher Petrus und Johannes sprachen, denn sie konnten sehen, dass sie ganz einfache Männer ohne besondere Bildung waren. Außerdem wussten sie, dass diese Männer dem engsten Kreis um Jesus angehört hatten. Doch da der Gelähmte geheilt vor ihnen stand, konnten sie nichts dagegen sagen. Also schickten sie Petrus und Johannes hinaus und berieten sich. „Was sollen wir mit diesen Männern machen?", fragten sie einander. „Wir können nicht bestreiten, dass sie ein Wunder vollbracht haben; alle in Jerusalem wissen davon. Aber vielleicht können wir verhindern, dass sie ihre Botschaft noch weiterverbreiten. Wir werden ihnen verbieten, weiterhin im Namen von Jesus zu den Menschen zu sprechen." Also riefen sie die Apostel wieder herein und untersagten ihnen, je wieder im Namen von Jesus zu sprechen oder zu lehren.

Doch Petrus und Johannes erwiderten: „Was meint ihr, will Gott, dass wir euch mehr gehorchen als ihm? Wir können nicht aufhören, von dem zu erzählen, was wir gesehen und gehört haben." Der Hohe Rat drohte ihnen erneut, doch schließlich ließ man sie gehen, weil sie nicht wussten, wie man sie bestrafen sollte, ohne einen Aufruhr im Volk heraufzubeschwören. Denn alle Menschen lobten Gott für das, was geschehen war – die Heilung eines Mannes, der über vierzig Jahre gelähmt gewesen war.

Sobald sie wieder frei waren, suchten Petrus und Johannes die anderen Gläubigen und erzählten ihnen, was die obersten Priester und Ältesten gesagt hatten. Als sie es hörten, erhoben alle gemeinsam ihre Stimme und beteten

„Allmächtiger Herr, Schöpfer des Himmels, der Erde und des Meeres und alles, was darin lebt – vor langer Zeit hast

du durch den Heiligen Geist und durch den Mund unseres Vorfahren David, deines Dieners, gesagt: ‚Warum tobten die Völker vor Zorn? Warum schmiedeten sie vergebliche Pläne? Die Könige der Erde lehnten sich auf; die Herrscher der Welt verschworen sich gegen den Herrn und seinen Gesalbten.' Genau das ist hier in dieser Stadt geschehen! Denn Herodes Antipas, der Statthalter Pontius Pilatus und das Volk Israel haben sich gegen Jesus, deinen heiligen Knecht, den du gesalbt hast, verschworen. Alles, was sie taten, geschah nach deinem ewigen Willen und Plan. Und nun höre ihre Drohung, Herr, und gib deinen Dienern Mut, wenn sie weiterhin die gute Botschaft verkünden. Sende deine heilende Kraft, damit im Namen deines heiligen Knechtes Jesus Zeichen und Wunder geschehen."

Nach diesem Gebet bebte das Gebäude, in dem sie sich versammelt hatten, und sie wurden alle vom Heiligen Geist erfüllt. Und sie predigten mutig und unerschrocken die Botschaft Gottes. Die Gläubigen waren ein Herz und eine Seele; sie betrachteten ihren Besitz nicht als ihr persönliches Eigentum und teilten alles, was sie hatten, miteinander. Die Apostel bezeugten eindrucksvoll die Auferstehung von Jesus Christus, und mit ihnen war die große Gnade Gottes. Armut gab es bei ihnen nicht, weil die Leute, die Land oder Häuser besaßen, etwas von ihrem Besitz verkauften und das Geld den Aposteln brachten, damit sie es an die Bedürftigen verteilen konnten. **(Apostelgeschichte 4, Neues Leben)**

Das ist aufregend und am liebsten würde man immer weiterlesen! Diese Ereignisse brauchen nicht der Vergangenheit anzugehören.

Als ich mein Bücherregal betrachtete und die Bücher zum Thema Gebet anschaute, bemerkte ich, wie viele von diesen Büchern das Wort „privat" im Titel führten. Leslie Weatherhead brachte das Buch *A Private House of Prayer* heraus, und dann gab es das bekannte Buch von John Baillie *A Diary of Private*

Prayer. Ohne hier besonders spitzfindig sein zu wollen, möchte ich wiederholen, was ich zuvor schon geschrieben habe, nämlich dass es für Christen keine privaten Gebete gibt und im christlichen Denken die Mindestpersonenzahl im Gebet aus vier Personen besteht. Als Christ kann man nicht unter vier Personen beten – der Vater, der Sohn, der Heilige Geist und Sie. Aber ich befürchte, dass noch andere sich ins Gebet einmischen wollen. Wir haben uns die Einmischung des Teufels angeschaut, der versuchen wird, in unser Gebetsleben einzudringen, und er kann noch weitere Mächte und Gewalten mitbringen. Doch ich glaube, dass auch die Engel involviert sind, und wir beten mit den Engeln, Erzengeln und den ganzen himmlischen Scharen. Aber ich möchte mich hier insbesondere mit der Dimension befassen, dass wir mit den Heiligen beten. Ich glaube nicht, dass wir ohne sie beten können.

Wie ich bereits erwähnt habe, sagte Jesus, dass wir uns in ein Zimmer zurückziehen sollen, wenn wir beten wollen, dass wir die Türe hinter uns schließen und dort für uns beten sollen. Das bedeutet aber trotzdem, dass wir *mit den Heiligen* beten sollen, denn er hat uns ja gelehrt, so zu beten: „*Unser Vater* im Himmel, geheiligt werde dein Name, … gib *uns unser* tägliches Brot" – auch wenn unser Körper der einzige in diesem Raum ist! Sie beten mit den Heiligen. Mit anderen Worten hören Sie an dem Tag, an dem Sie Christ werden, auf, für sich allein zu stehen, denn Sie werden Glied eines Leibes und dieser Leib betet, auch wenn Sie die einzige Person im Raum sind. Nur die anderen Religionen sprechen vom privaten Gebet. Nur in anderen Religionen denkt man, man bräuchte bloß zwei Personen zum Beten – Sie und Gott. In der Bibel ist gemeinschaftliches Gebet erst Gebet. Auch wenn Ihr Körper allein ist, so ist doch jedes Gebet ein gemeinschaftliches Gebet, denn es ist das Gebet aller Heiligen.

Dies zeigt sich deutlich in dem, was Jesus tat. So oft, wenn er ganz persönlich zu seinem Vater betete, war er nicht allein. Denken Sie einen Moment an Lukas 9,18, wo es heißt, dass, als Jesus allein betete, seine Jünger bei ihm waren. Das heißt doch, dass auch seine Jünger bei Jesus waren, als er allein betete! Wenn er ganz privat und persönlich beten wollte, nahm er Petrus, Jakobus und Johannes mit sich, einfach zur Unterstützung. Es ist ungewöhnlich, wie oft das passiert. Ich gehe davon aus, dass Jesus Johannes 17 in ihrem Beisein betete – als er in der Nacht, bevor er starb, mit seinem Vater redete – und das war ein sehr intimes und ausgesprochen persönliches Gebet. *„Und nun verherrliche du, Vater, mich bei dir selbst mit der Herrlichkeit, die ich bei dir hatte, ehe die Welt war!"* Und *ich* danke dir für dies und *ich* danke dir für jenes ... Aber wo sprach er dieses Gebet? Er betete es mit den Heiligen, er betete es in Gegenwart seiner Jünger. Später, in Gethsemane, als er den größten Kampf seines Lebens durchzustehen hatte, bat er seine Jünger, nicht zu schlafen, sondern mit ihm zu wachen und zu beten. Es war, als wollte er sagen, dass er mit den Heiligen zusammen sein wollte und von ihnen umgeben – zu seiner Unterstützung und Hilfe. Wenn Jesus das schon brauchte, dann brauchen Sie das auch. Das Gebet mit den Heiligen ist also von größter Wichtigkeit. Denken Sie an alles, was er tat und sagte.

Gebet ist immer eine gemeinschaftliche Angelegenheit. Immer wenn Sie anfangen, mit dem Vater zu reden, schließen Sie sich Tausenden anderen an. Dessen sollten Sie sich bewusst sein. Wenn Sie gleichzeitig mit anderen laut beten, hört Gott trotzdem noch jedes einzelne Gebet. Wir beten mit allen Heiligen.

Ich möchte mit Ihnen kurz und ganz einfach das Beten mit den Heiligen aus vier Blickwinkeln betrachten. Erstens möchte ich die biblische Grundlage für das gemeinsame Gebet beleuchten; zweitens die zusätzlichen Vorteile des gemeinsamen Betens; drittens die praktischen Schwierigkeiten beim gemeinsamen Gebet (diese sind mir – wie Ihnen wahrscheinlich auch – sehr bewusst); und viertens die „konzentrischen Kreise" des gemeinsamen Gebets, wie ich sie nenne.

Zuerst wollen wir die biblische Grundlage betrachten und ich nehme dazu einfach das Neue Testament. Das Neue Testament lässt sich in vier Teile aufteilen, auf die ich mich hier beziehen möchte: die Evangelien, die Apostelgeschichte, die Briefe und die Offenbarung. Wussten Sie, dass in allen vier Teilen mehr über das gemeinsame Beten steht als über das Gebet des Einzelnen? Fast alle Verheißungen in den Evangelien gelten Menschen, die gemeinsam beten, und nicht dem Einzelnen. Auch in der Apostelgeschichte ist die Praxis fast immer, dass gemeinsam gebetet wird und nicht allein. In den Briefen ist das gemeinsame Gebet fast immer die Regel. Schließlich beziehen sich auch die Visionen der Offenbarung auf Menschen, die gemeinsam beten. Das wirft ein ziemlich eindeutiges Licht auf das Gebet.

Schauen wir uns zunächst die Verheißungen in den Evangelien an. Zum Beispiel diese hier: Jesus sagte: *„Wiederum sage ich euch: Wenn zwei von euch auf der Erde übereinkommen, irgendeine Sache zu erbitten, so wird sie ihnen werden von meinem Vater, der in den Himmeln ist. Denn wo zwei oder drei versammelt sind in meinem Namen, da bin ich in ihrer Mitte."* Das ist eine Verheißung, die man für sich erst beanspruchen kann, wenn man mit ein oder zwei anderen Personen zusammen betet. Es ist eine Verheißung, die man auf die Seite legen muss, wenn man immer nur allein betet, und dabei ist es eine Verheißung des Herrn Jesus.

Aber als ich mir die Kapitel 14, 15 und 16 im Johannesevangelium durchlas, entdeckte ich etwas, das für unser Verständnis wichtig ist. Es war die Nacht, bevor Jesus starb, als er den Jüngern vielleicht mehr Anweisungen zum Thema Gebet gab als zu jedem anderen Zeitpunkt. Er wollte sie lehren, wie sie mit dem Vater in Verbindung bleiben konnten, auch wenn er nicht mehr bei ihnen war.

Sie hatten drei Jahre „mit" dem Vater „gelebt", denn Jesus sagte einmal: *„Wer mich gesehen hat, der hat den Vater gesehen."* Er ließ sie zurück und wollte ihnen zeigen, wie sie mit Gott in Kontakt bleiben konnten, also gab er ihnen viele spezifische Verheißungen – und jede Verheißung beinhaltete den Ausdruck

Mit den Heiligen beten

„in meinem Namen"– „*Was immer ihr in meinem Namen bitten werdet, werde ich euch geben.*" An jeder dieser Stellen steht im Griechischen das Wort „ihr" im Plural, und niemals die Einzahl „du". Er sagt nicht:

„Was immer jeder von euch in meinem Namen bittet", sondern „wenn ihr zusammen in meinem Namen bittet". Das ist etwas völlig anderes, nicht wahr? Wenn ihr *zusammen* betet – gehört zu der Aussage „wo zwei oder drei versammelt sind". Es liegt etwas Besonderes auf dem gemeinsamen Gebet. Drei Menschen, die getrennt voneinander beten, können nach Aussage dieser Verheißungen nicht dasselbe erreichen wie drei Menschen, die gemeinsam beten.

Lassen Sie uns weitergehen zur Apostelgeschichte. Was taten die Jünger in den zehn Tagen zwischen der Himmelfahrt unseres Herrn und dem Pfingsttag? Sie beteten, aber wie beteten sie? War jeder von ihnen in sein Kämmerlein gegangen und betete „Herr, erfülle mich mit deinem Heiligen Geist!"? Nichts dergleichen. Sie waren alle beieinander und baten: „Herr, erfülle uns mit deinem Heiligen Geist!" – Es liegt mehr Kraft im gemeinsamen Gebet um den Heiligen Geist als wenn man allein betet. Zu viele Menschen wollen privat erfüllt werden. Sie hätten es in gewisser Weise lieber, wenn es privat geschähe, weil es dann weniger peinlich wäre. Aber es liegt Kraft darin, wenn eine Gruppe gemeinsam betet. Bringen Sie einmal 120 Personen zusammen, die so lange miteinander beten, bis der Herr sie alle mit dem Heiligen Geist erfüllt, und es wird etwas passieren. Die Jungfrau Maria war dort. Sie wusste nicht, dass sie erfüllt werden und in anderen Sprachen sprechen würde, aber sie tat es. Der Heilige Geist kam zum zweiten Mal über sie, aber dieses Mal war sie Teil eines Leibes von betenden Menschen.

In Kapitel 2 der Apostelgeschichte schließlich kamen 3000 Konvertiten hinzu. Wenn man es schafft, 120 Menschen zum täglichen Gebet zusammenzurufen, wird etwas geschehen! Und nun schauen Sie sich einmal näher an, was dann passierte.

Nachdem sie die frisch Konvertierten getauft hatten, zeigten sie ihnen, wie sie ein christliches Leben führen konnten. Und was brachten sie ihnen bei? Sie lehrten sie, zusammen zu kommen und der Lehre zuzuhören, sie lehrten sie, Gemeinschaft zu pflegen, sie lehrten sie, zum gemeinsamen Brotbrechen zusammenzukommen und lehrten sie, zum Gebet zusammenzukommen – von Anfang an. Das ist faszinierend. Blättern Sie die Seiten der folgenden Kapitel durch und Sie werden wunderbare Berichte über diese Gebetszusammenkünfte entdecken. Ein solches Treffen wird in Apostelgeschichte 4 erwähnt. Man hatte die Gläubigen bedroht, den Namen Jesu nie mehr öffentlich zu nennen, also kamen sie zum gemeinsamen Beten zusammen, und Sie wissen vielleicht, was sie dabei gebetet haben. Sie sagten: „Herr, hilf uns, unerschrocken im Namen Jesu zu reden." Sie sagten nicht: „Herr, hilf uns, dass wir still sind.", oder „Herr, halte uns im Zaum." Sie kamen zusammen und wenn man gemeinsam betet, dann kann man für Freimütigkeit beten. Wenn wir allein sind, dann kann Satan einen nach dem anderen einkassieren, aber wenn wir zusammen sind und um Unerschrockenheit beten, dann werden wir sie bekommen. Schon die Tatsache, dass wir zusammenkommen und im Gebet um Mut bitten, ist eine Hilfe. Ich glaube tatsächlich, dass es mindestens zwei Christen an einem Ort geben sollte. Die vereinzelten Christen sind es, die schwach sind. Wir brauchen mindestens zwei zusammen in einem Büro. Wenn Sie der oder die einzige sind, dann beten Sie darum, dass Gott Ihnen noch eine andere Person schickt, damit Sie wenigstens zu zweit zum Beten sind. Wenn einer 1000 jagen kann, dann können zwei 10.000 in die Flucht schlagen. Ich kann Gottes Mathematik eigentlich nicht erklären, aber irgendwie funktioniert sie!

Dann, im 8. Kapitel finden wir wiederum, dass sie beteten, der Heilige Geist möge mit Macht kommen – und zwar gemeinsam – sie beteten nicht privat oder jeder für sich, sondern zusammen. Lesen Sie auch Apostelgeschichte 12, was meiner Ansicht nach der witzigste Gebetsabend war, den es jemals gab. Man hatte einen von ihnen verhaftet. Es war Petrus, und sie waren zum Gebet für ihn zusammengekommen. Während sie noch beteten, klopfte es plötzlich an der Tür. Eine junge Dame stand auf, schaute an der Tür nach, wer es sei und berichtete ihnen, es sei Petrus. Sie sagten: „Das kann gar nicht sein, wir beten gerade für ihn, weil er im Gefängnis sitzt." Nun, Sie können diese Reaktion deuten wie Sie möchten, aber für mich zeigt sich hier mangelnder Glaube. Sie konnten einfach nicht glauben, dass ihre Gebete so rasch erhört wurden und er einfach an der Tür klopft. Aber sie beteten gemeinsam für diejenigen von ihnen, die im Gefängnis waren, und genauso können wir für diejenigen beten, die im Gefängnis sitzen. Blättern Sie weiter und finden Sie heraus, dass Gott bei einer weiteren Gebetszusammenkunft Missionare berief, und ich sage Ihnen: Jede Gemeinde, die Missionare in Übersee hat, ist eine Gemeinde, die gemeinsam betet. Wo in Gemeinden miteinander gebetet wird, beruft Gott Menschen in besondere Aufgaben.

Nun wenden wir uns den Briefen zu. Haben Sie schon einmal gezählt, als Sie die Briefe des Paulus lasen, wie viele Male er seine Leser zum Beten auffordert? Und wissen Sie auch, dass er dabei jedes Mal die ganze Gemeinde im Plural anspricht? Er wählt eine Formulierung, aus der hervorgeht, dass er will, dass die Leser für ihn nicht nur privat beten, sondern eine, dass sie zusammenkommen und gemeinsam für ihn beten? Im Griechischen wird das deutlicher als im Englischen.

Schließlich möchte ich mich den Verheißungen in der Offenbarung zuwenden. Die Endzeit wird für die Gemeinde Christi sehr schwierig sein. Sie wird unter Druck stehen; der Antichrist wird regieren; es wird echte Verfolgung geben. Wie wird sich die Gemeinde in diesen harten Zeiten verteidigen, die dort angekündigt werden? Durch den Weihrauch der Gebete der Heiligen. Der Weihrauch steigt von den Heiligen auf, die in der Offenbarung miteinander versammelt sind. Sie beten gemeinsam und richten sich gegenseitig im Gebet auf. Es liegt eine Sicherheit in ihrem gemeinsamen Gebet; sie unterstützen sich gegenseitig im Angesicht des Feindes. Der Feind hat uns lieber einzeln und pickt sich einen nach dem anderen heraus.

Das ist unser biblisches Fundament. Es steht im Neuen Testament auch viel darüber, wie wir allein beten können, aber es gibt weit mehr Stellen über das gemeinsame Gebet.

Nun wollen wir uns den zusätzlichen Nutzen anschauen. Was kann gemeinsames Gebet erreichen, das vom Einzelnen im Gebet nicht erreicht werden kann – außer der Verheißung Christi, dass er mitten unter uns sein wird, wenn zwei oder drei in seinem Namen versammelt sind?

Ich habe drei Vorteile gefunden:
1. Gebet wird dadurch zu einer Schule.
2. Gebet wird dadurch zu einer Feuerstelle.
3. Gebet wird dadurch zu einer kraftvollen Stromleitung.

Es verwandelt Beten in eine Schule. Ich habe mehr über Gebet gelernt, indem ich anderen Menschen beim Beten zugehört habe, als aus allen Büchern zum Thema Gebet, die in meinen Regalen stehen, oder aus den Predigten, die ich zum Thema Beten schon gehört habe. Nichts lässt sich damit vergleichen, anderen Menschen beim Beten zuzuhören, um selbst beten zu lernen. Es spornt uns wirklich an im Gebet, eröffnet uns neue Möglichkeiten und man denkt: Also ich hätte niemals daran gedacht, für dies oder jenes zu beten. Man möchte sein eigenes Gebetsleben erweitern. Darum preise ich Gott für Gruppen, in denen ich den Heiligen beim Beten zuhören konnte. Irgendwie korrigiert uns das im eigenen Gebet, wenn wir anderen zuhören. Man hört auf, für selbstsüchtige Dinge zu beten, bekommt eine größere Sicht, betet für größere Dinge und man entkommt dem eigenen Trott, weil die Vielfalt der Persönlichkeiten unser eigenes Verständnis vom Gebet bereichert.

Zweitens verwandelt das gemeinsame Gebet unser Beten in eine Art „Feuerstelle". Was meine ich damit? Wenn man ein einzelnes Stück glühende Kohle aus dem Feuer holt und es allein auf eine Feuerstelle legt, dann müssen wir nur zusehen, was passiert. Es hat zwar dasselbe Potential, Hitze zu entwickeln, aber trotzdem kühlt es ab. Es besitzt immer noch seine Brennkraft, und wird trotzdem kalt. Wenn wir es aber zurück ins Feuer legen, erhitzt es sich sofort wieder.

Martin Luther schrieb einst in sein Tagebuch, dass er in seinem eigenen Heim keine Wärme und keinen Eifer verspüre, aber in der Kirche, wenn die Menschen in Scharen zusammenkämen, würde ein Feuer in seinem Herzen entfacht, das sich Bahn bricht. Hier war der große Reformator sehr ehrlich. Er sagte damit: Ich muss Teil der Feuerstelle sein. Wenn Ihr privates Gebet abgekühlt ist und es Ihnen schwerfällt, weiterzumachen, dann sollten Sie zweifellos in die Feuerstelle zurückkehren, sich zu ein paar heißen Kohlestücken stellen und dieses Glühen auf Ihr eigenes Gebetsleben übertragen lassen.

Das gemeinsame Gebet lässt sich also zum einen mit einer Schule vergleichen, in der wir durch Zuhören von anderen lernen, zum anderen ist es wie eine Feuerstelle, in der wir selbst entfacht werden, und drittens ist es wie eine Stromleitung.

Ich bin kein Experte auf diesem Gebiet, aber ich werde trotzdem diesen Vergleich wagen! So wie ich es verstehe, besteht ein Kabel, das Elektrizität transportieren soll, aus vielen gebündelten Einzeldrähten. Gebündelt können diese Drähte viel mehr Elektrizität transportieren als einzeln. Nächstes Mal, wenn Sie ein Netzkabel einstecken wollen, dann schauen Sie es sich einmal näher an, denn es besteht aus vielen kleinen Einzeldrähten, die zu einer Litze gedreht sind. Diese Litze kann viel Strom transportieren, und genauso scheint Gott es sich mit dem Gebet gedacht zu haben. Wenn wir viele feine Einzeldrähte bündeln, dann ist die Kraft, die transportiert werden kann, viel größer, weil wir zusammen sind. Fragen Sie mich bitte nicht, wie das funktioniert, aber das scheint wieder so ein Fall zu sein, den Henry Drummond als Naturgesetz der geistlichen Welt bezeichnen würde.

Vor vielen Jahren gab es eine Gemeinde in Shanghai, die nur 60 Mitglieder hatte und sich bei dieser Größe einzupendeln schien, ohne dass sie sich weiterentwickelte. Was taten sie also? Sie teilten ihre 60 Mitglieder in zehn Gruppen zu je sechs Personen auf. Manche sagen jetzt bestimmt: „Das ist aber sehr gezwungen. Sie versuchen damit, das Werk des Geistes für ihn zu tun." Wenn Sie aber gleich hören, was ich Ihnen über diese Gemeinde in Shanghai zu erzählen habe, dann werden Sie Ihre Meinung ändern. Ich jedenfalls würde gerne zu einer solchen Gemeinde gehören. Sie setzten einfach voraus, dass jedes Gemeindeglied bereit ist, mit anderen zu beten – das ist eine ziemlich gewagte Voraussetzung, aber sie gingen davon aus, dass es so ist. Sie stellten fest, dass das gemeinsame Gebet ein normaler Bestandteil des neutestamentlichen Christentums war, und es darum eigentlich ein Widerspruch ist, wenn man ein Gemeindeglied hat, das nicht Teil einer Gebetsgemeinschaft ist. Sie teilten jeder Gruppe eine Stunde an einem Werktag zum Gebet zu. Wie sie das mit ihrer Arbeit organisierten, weiß ich nicht. Ich meine, die meisten waren in irgendeiner Form selbständig oder Landarbeiter, die sich die Arbeit selbst einteilen konnten. Die ersten sechs beteten von acht Uhr bis neun Uhr am Morgen, dann von neun Uhr bis zehn Uhr usw., den ganzen Tag über, bis es den ganzen Tag und die ganze Nacht über kontinuierlich Gruppen mit jeweils sechs Personen gab, die miteinander beteten. Im ersten Jahr erlebten sie vom ersten Tag an, an dem sie damit begonnen hatten, 114 Taufen, im zweiten Jahr waren es 200 Taufen. Das Einzige, was sie verändert hatten, war, dass sie jetzt miteinander beteten, und zwar nicht in großen Gebetsversammlungen in der Gemeinde, sondern in Gruppen zu sechst, und das war der Trick dabei. Faszinierend! Ich fordere Sie heraus – probieren Sie es! Wir brauchen in diesem Land wirklich einen höheren Prozentsatz an Christen. Eine Gruppe kann die öffentliche Meinung beeinflussen und dadurch bestimmte Trends, wenn man einen Bevölkerungsanteil von fünf Prozent hat. Wie sollen wir das erreichen? Wir könnten es schneller erreichen, wenn wir das täten, was jene Gemeinde in Shanghai durchgeführt hat. Das ist meine Herausforderung an Sie.

Als ich in Kanada war, traf ich dort Dr. Donald McGavran, einen integren kleinen Mann mit einem brillanten Verstand, der einen Teil seines Lebens darauf verwendet hat, zu einem einzigen Thema Bücher zu lesen und zu schreiben, nämlich wie Gemeinden wachsen. Er war überall auf der Welt, hat analysiert, untersucht, hinterfragt, beobachtet und die Frage gestellt, wie Gemeinden wachsen und einen Haufen Bücher geschrieben. Er gibt keine grob vereinfachten Pauschalantworten. Er erzählte mir, dass verschiedene Faktoren zusammen wirken (manche haben einen großartigen Evangelisten, manche haben tolle Räumlichkeiten, usw.), aber der einzige gemeinsame Nenner, den alle Gemeinden weltweit haben, die schnell wachsen, ist: Sie alle haben Gruppen von Christen, die regelmäßig zusammenkommen, um namentlich für Nichtchristen zu beten – im Namen Jesu. Das kann man nicht in großen Veranstaltungen tun, man kann es nicht auf öffentlichen Plätzen tun, aber man kann es in Gruppen tun, in denen zwei oder drei zusammenkommen.

Drittens möchte ich die praktischen Schwierigkeiten ansprechen, die beim gemeinsamen Beten auftreten, und davon gibt es einige. Ich denke da an sechs Bereiche und bin mir sicher, Sie könnten noch einige weitere aufzählen. Ich hätte beinahe sechs Typen von Menschen aufgezählt, die das gemeinsame Gebet zum Problem machen, aber das wäre ziemlich frech gewesen! Wir wollen uns hier auf die Schwierigkeiten konzentrieren und nicht auf Personen. Aber wem der „Schuh passt", der kann ihn sich ja anziehen.

Erstens gibt es das Problem, dass manche schweigen. Wenn wir zum Gebet zusammenkommen, sollte jeder bereit sein zu beten, denn wenn man dann schweigt, kann diese Tatsache eine Gebetsgemeinschaft behindern. Nur in seltenen Fällen besteht ein körperliches Problem. Ich kenne zum Beispiel einen Mann, der so stottert, wie ich es sonst von niemandem kenne, dem ich je begegnet bin. Wenn man „Guten Morgen" zu ihm sagt, dann stolpert er schon über das „G" bevor er antworten kann. Aber der Herr hat ihn berührt und wenn er zu einer Gebetsversammlung geht, dann gibt ihm der Herr eine so flüssige Redeweise, dass es einfach aus ihm heraussprudelt – und das ist das einzige Mal, dass er sein Stottern nicht hat. Ist das nicht wunderbar? Der Herr hat ihn noch nicht von seinem Stottern geheilt, wenn er sich mit Menschen unterhält, aber der Herr will so sehr, dass Menschen mit ihm gemeinsam beten können, dass er ihn von seinem Stottern befreit und die Worte sprudeln lässt – und ich bin noch nie einem solchen Mann des Gebets begegnet.

Nein, die Blockade ist weit häufiger psychischer Natur. Wir werden vielleicht so nervös, ängstlich und unsicher, dass wir völlig blockiert sind und uns fühlen, als stecke ein Kloß in unserem Hals. Wir denken: „Wenn ich jetzt anfange, wie soll ich dann wieder aufhören?" Oder: „Was, wenn ich nicht weiterweiß?" Oder: „Was, wenn mir nichts mehr einfällt und ich einen totalen Blackout bekomme? – Und wenn dann Leute da sind, die viel besser beten können als ich und sie sich dann mit mir vergleichen und dann die ganze Zeit über mich nachdenken – Ah, so ist die also drauf …" Also verschließen wir uns.

Mein Großvater war Pastor und eines Sonntags zum Essen eingeladen. Es war ihm klar, dass er Leute besuchte, die nie ein Tischgebet vor dem Essen sprachen, aber weil er eine Halskrause trug, sagte die Ehefrau freudig zu ihrem Mann: „Schatz, kannst du bitte noch das Tischgebet sprechen?" Er war am Boden zerstört! Er fing an, betete den ganzen Psalm 23 und das Vaterunser herunter und sagte jeden Teil der Abendmahlsliturgie auf, an den er sich noch erinnern konnte, wusste aber partout nicht, wie er aufhören sollte. Mein Großvater, der einen gesunden Humor besaß, sprach plötzlich ein lautes „Amen" dazwischen und damit war das Gebet beendet! Der arme Mann wäre am liebsten im

Boden versunken! Wenn jemand, der sonst eher still ist, laut betet, mag es noch so kurz oder einfach sein, ich finde solch ein Gebet oft besonders hilfreich. Es ist so echt – wenn diese Personen ihre psychische Barriere überwinden können. Eine Frau wandte sich einmal an mich und sagte: „Ich koche Tee in der Gemeinde, schrubbe die Böden und mache sonst was, solange ich bei einem Gebetsabend nicht laut beten muss."

Ich entgegnete ihr: „Möchtest du es wirklich nicht? Das ist für mich die Schlüsselfrage, und nicht, ob du es nicht kannst, sondern ob du es vielleicht doch willst."

Nachdem sie mich lange angesehen hatte, antwortete sie: „Ja, ich würde es gerne können. Ich wünschte, ich könnte es."

Ich sagte: „In Ordnung. Bist du bereit, dich mir sechs Wochen lang anzuvertrauen?"

Sie antwortete: „Ja, das möchte ich."

Ich sagte ihr, dass der nächste Gebetsabend in der nächsten Woche stattfinden würde und sagte zu ihr: „Ich will, dass du heim gehst, dir ein Stück Papier und einen Bleistift nimmst und ein Gebet aufschreibst, das nicht länger als ein Satz ist. Am Ende schreibe Amen hin. Ich möchte, dass du nächste Woche mit dem Zettel zum Gebetsabend kommst, und wenn du an der Reihe bist, dann lies einfach diesen Satz vor, mehr nicht." Sie tat es. Es war ein wunderbares kleines Gebet, sie schaffte es, den Satz auch vorzulesen und ihre Kehle schnürte sich erst zu, nachdem sie „Amen" gesagt hatte. In der folgenden Woche sagte ich: „Diesmal möchte ich, dass du noch einmal einen Gebetssatz aufschreibst, aber nun möchte ich, dass du ihn auswendig lernst." Schritt für Schritt überwanden wir gemeinsam ihre psychischen Barrieren, wenn es darum ging, ihre Stimme in der Öffentlichkeit zu hören und zu Ende zu sprechen, usw. Innerhalb von sechs Wochen konnte sie öffentlich beten und es gefiel ihr gut. Der Herr will sich auch mit Ihren psychischen Barrieren befassen, weil er möchte, dass Sie beten und teilhaben können. Er will nicht, dass Sie einen Minderwertigkeitskomplex haben.

Aber ich glaube, dass es auch noch andere Gründe gibt, warum Menschen in einer Gebetsgemeinschaft schweigen. Es können auch geistliche Gründe vorliegen. Ich habe bemerkt, dass Menschen, die Bitterkeit und Groll im Herzen tragen, dazu neigen, in einer Gebetsgemeinschaft sehr still zu sein. Sie müssen sich mit diesen Dingen auseinandersetzen, bevor sie frei werden können, laut zu beten. Sie müssen diese Dinge loswerden. Robert Louis Stevenson pflegte die Angewohnheit, mit seiner Familie jeden Tag am Frühstückstisch das Vaterunser zu beten. Eines Tages hob er an: „Vater unser ..." und hielt dann inne, stand auf und rannte aus der Küche.

Seine Frau ging ihm nach und fragte: „Geht es dir gut?" und er bejahte. „Aber", sagte sie, „warum hast du dann nicht zu Ende gebetet?"

Er antwortete: „Ich kann nicht", und sie fragte, warum denn nicht. „Weil es jemanden gibt, dem ich nicht vergeben kann." Das ist Ehrlichkeit. Wenn unser Schweigen solche Gründe hat, dann müssen wir uns darum kümmern und damit zum Herrn gehen. Vielleicht sind Sie ärgerlich oder haben sich mit jemandem gestritten, oder es gibt eine geistliche Ursache in Ihrem Herzen, die Sie zum Schweigen bringt. In 1.Timotheus 2,8 heißt es, dass wir mit ehrlichen Absichten ins Gebet gehen sollen.

Das zweite Problem ist praktischer Art: diejenigen, die man akustisch nicht versteht. Manche Menschen scheinen zu ihren Schuhen zu beten! Wenn man miteinander betet, dann sollte man aus Liebe zu den anderen Anwesenden den Kopf und die Stimme erheben. Sprechen Sie so laut und deutlich, dass die anderen Teilnehmer Sie hören können (anstatt Ihre Stimme auf dem Lautstärkelevel zu halten, mit dem Sie für sich allein beten), damit die anderen an Ihrem Gebet teilhaben können.

Das dritte Problem sind überlange Gebete. Die Zeitspanne, die sich eine Gemeinde oder eine Gebetsgruppe auf eine Person konzentrieren kann, ist sehr begrenzt. Jemand hat einmal festgestellt, dass eine typische Gemeinde sich nicht länger als eine

Minute auf dieselbe Person konzentrieren kann. Ich weiß nicht, welche Untersuchung es dazu gibt – aber ich kenne ein paar Leute, die es länger aushalten würden. Doch ich denke, was wir daraus für uns ableiten können, ist, dass der erste in einem öffentlichen Gottesdienst mit seinen Gedanken bereits nach einer Minute abschweift und bald darauf noch mehr Leute dazukommen. Die Verfasser des Allgemeinen Gebetbuchs der Anglikanischen Kirche erkannten diesen Umstand und sammelten allgemeine Gebete zur Verwendung in Gemeinschaft, und solche „allgemeinen Gebete" dauern meistens nicht länger als eine Minute. Dem lag ein sehr nüchternes Prinzip zugrunde. Sie wussten, dass viele kurze Gebete besser sind als ein langes. Problematisch wurde es, als die Freikirchen auf die politischen Auflagen der Regierung reagierten, was das Allgemeine Gebetbuch betraf, und sich sowohl gegen kurze Gebete als auch gegen Gebetbücher als solches richteten, und das finde ich ziemlich traurig. Es gibt Schätze und Reichtümer in Gebetbüchern, die uns vielleicht vorenthalten bleiben. Wir haben lange, spontan formulierte Gebete und denken, diese seien geistlicher als jene gesammelten Gebete im Allgemeinen Gebetbuch, von denen einige so kurz und doch so tief sind. „Allmächtiger Gott, vor dem unser aller Herzen geöffnet sind, und dem all unser Begehren bekannt ist, und vor dem keine Geheimnisse verborgen bleiben; reinige die Gedanken unserer Herzen durch die Erleuchtung des Heiligen Geistes, dass wir dich auf vollkommene Weise lieben und deinen heiligen Namen würdig verherrlichen mögen durch Christus unseren Herrn. Amen." Das ist ein wundervolles Gebet, das so viel aussagt. Wenn wir gemeinsam beten wollen, müssen wir lernen, uns kurz zu fassen. Lange Gebete haben schon viele Leute abgeschreckt.

Als Sir Wilfred Grenfell Medizinstudent in London war, sah er auf seinem Heimweg eines Abends ein großes Zelt. Als er es betrat, fand er sich inmitten einer Erweckungsveranstaltung wieder. Ein Mann auf der Bühne betete und betete, immer weiter und weiter. Wilfred, der sich für den christlichen Glauben überhaupt nicht interessierte, sondern nur aus Neugierde hineingegangen war, stand auf und wollte zum Ausgang gehen – als der Moderator der Veranstaltung aufstand und sagte: „Freunde, lasst uns ein Lied singen, während unser Bruder sein Gebet zu Ende bringt" – und die ganze Gemeinde stimmte laut in das Lied ein. Grenfell war so beeindruckt vom gesunden Menschenverstand dieses Mannes, dass er dachte, „Hier bleibe ich noch ein wenig." Er bekehrte sich und ging später als Missionar nach Labrador. (Ich finde das aufregend, und Sie?) Wir können dankbar sein, dass der Moderator das überlange Gebet abgekürzt hat!

Das nächste Problem sind stereotype Gebete. Es gibt Menschen, die jedes Mal dasselbe beten und sogar bei spontan formulierten Gebeten ihre eigene Art von „Liturgie" haben. Ich kenne einen Mann, der jede Woche beim Gebetsabend dasselbe betete:

„Herr, fege die Spinnweben von unseren Herzen." Es hing den Leuten schließlich so zum Hals heraus, dass eines Tages ein junger Mann ganz hinten aufstand und sagte: „Herr, töte diese Spinne. Amen!"

Es gibt also Wege, wie wir Menschen, die sich in Stereotypen verfangen haben, begegnen können. Ich denke, der Herr will, dass wir auch manchmal über uns selbst lachen können. Vielleicht haben Sie von Professor Norman Snaith gehört. Wenn Sie sich bei alttestamentlicher Theologie ein wenig auskennen, dann wissen Sie wahrscheinlich, dass er einer der bekanntesten Gelehrten Großbritanniens auf diesem Gebiet ist. Er hatte eine etwas befremdliche Art, wenn er die Gebetszeiten im College von Leeds leitete. Er kam immer in die College-Kapelle herein, ging zum Stehpult nach vorne und sagte: „Guten Morgen, Herr." Das nagte an einigen Studenten. Und das ging immer so weiter – immer kam das „Guten Morgen, Herr". Schließlich kam er eines Tages herein und sagte wieder: „Guten Morgen, Herr" – und ein Student, der hinten saß, antwortete: „Morgen, Snaith". Er tat es nie wieder! Es gibt immer einen Weg, solche Dinge zu kurieren. Aber nun wollen wir etwas ernster werden, denn wir können mit der Art, wie wir unsere Sätze formulieren, leicht in einen Trott kommen, und das ist tödlich für eine Gebetsgemeinschaft. Wenn wir an einem Gebetstreffen teilnehmen, sollten wir bitten: „Herr, ich möchte heute Morgen frisch sein."

Problem Nummer fünf sind Menschen, die in der Öffentlichkeit beten, als seien sie allein. Das ist ein etwas tiefgreifenderes Problem. Das sind diejenigen, die Gebete sprechen, die eigentlich in ihr privates Kämmerlein gehören. Damit meine ich diejenigen, die immer „ich, ich, ich" in der Öffentlichkeit beten, und jene, die in gewisser Weise Aufmerksamkeit auf sich und ihren eigenen Glaubensweg ziehen. Wenn wir zum Beten zusammenkommen, sollten wir nicht mit uns selbst beschäftigt sein, sondern auf eine Art und Weise beten, die andere mit uns gemeinsam zum Thron der Gnade bringt. Wir brauchen ein gewisses Maß an Umsicht, um zu vermeiden, dass wir die Gebete, die wir sonst in unserem Kämmerlein sprechen, in die Gebetsgemeinschaft der Gemeinde hineintragen.

Schließlich gibt es noch das Problem der Diskontinuität. Damit meine ich, dass der Herr in einer Gebetsgemeinschaft einen gewissen Fluss entstehen lässt und ein Muster webt, bei dem alles zusammenpasst, sodass jedes Gebet aus dem vorangegangenen herausfließt und sich weiterentwickelt. Wenn ich auf diesen Gebetsfluss achte und auf die vorangegangene Person höre und merke, dass jetzt der richtige Moment für mich gekommen ist, mein kleines Gebet einfließen zu lassen, dann passt alles zusammen. Manchmal erleben wir aber, dass in unserer Gruppe eine ganze Reihe von Danksagungen kommt und wir spüren, jetzt sollten wir dazu übergehen, Gott zu preisen, da platzt jemand, der womöglich noch mit Verspätung zu unserer Gruppe hinzugestoßen ist, plötzlich heraus: „Herr, bitte segne Frau Schmidt, die gestern ins Krankenhaus eingeliefert wurde, wie du weißt" – und die ganze Kontinuität ist dahin. Es gibt auch den richtigen Platz, um für Frau Schmidt zu beten, und der Herr wird uns dahin führen. Aber wenn wir miteinander beten, sollten wir sehr sensibel sein und uns fragen: „Wohin führt uns der Heilige Geist gerade im Gebet?"

Hören Sie den Gebeten gut zu, die vor Ihnen dran sind, und speichern Sie nicht nur Ihr Gebet im Kopf ab mit dem Gedanken: „Okay, wenn jemand aufhört zu beten, dann komme ich schnell mit meinem Gebet." Sagen Sie lieber: „Herr, wann willst du, dass ich mein Gebet spreche?" – So achten wir auf den Fluss und der Herr kann uns durch diese Gebetsgemeinschaft führen.

Soweit zu einigen der Schwierigkeiten.

Wir haben uns die biblischen Grundlagen angesehen, den zusätzlichen Nutzen und die praktischen Schwierigkeiten. Jetzt kommen wir zu den „konzentrischen Kreisen". Es ist wie mit einem Stein, den man in einen Teich wirft. Die Kreise, die er zieht, werden immer größer. Der erste Ring des Gebets besteht aus zwei oder drei Personen. Und wenn es Ihnen in einer größeren Gebetsgemeinschaft schwer fällt, dann schlage ich vor, sich zwei andere Personen zu suchen sich zu verabreden: „Wollen wir uns einmal alle 14 Tage treffen oder so, und einfach zusammen beten? Zehn oder zwölf Leute sind mir zu viel, aber wenn wir zu dritt sind, macht es mir nichts aus und ich könnte lernen zu beten." Das ist die kleinste Zelle und ehrlich gesagt wäre es mir lieber, 100 kleine Zellen zu haben als einen großen Gebetsabend in der Gemeinde, denn ich denke, dass wir so stärker ermutigt werden zu beten. Solch ein Zellwachstum ist etwas Natürliches.

Billy Graham besuchte einmal eine Stadt und hatte gleich am ersten Abend die stärkste Reaktion auf seinen Bekehrungsaufruf, die er je zuvor am ersten Abend einer Evangelisationswoche erlebt hatte. Er konnte nicht verstehen, wie es dazu kam, es entsprach so gar nicht dem üblichen Muster. Also forschte er nach und stieß auf zwei ältere, unverheiratete, gehbehinderte Damen, die ihr Haus nicht verlassen konnten, aber seit sechs Jahren zusammen beteten, dass Gott diese Stadt heimsuchen möge – nur wegen zwei älteren Damen! Und Billy war sehr verblüfft über das Resultat. Also gibt es zunächst eine Kleinstzelle. Petrus erwähnt sogar einmal, dass diese kleinste Zelle auch aus Ehemann und Ehefrau bestehen kann, die miteinander beten.

Der nächste Kreis ist eine Gebetsgemeinschaft irgendwo zwischen zehn und hundert Personen. Nun werden die Probleme schon etwas akuter, aber die Möglichkeiten sind ebenso groß. Ich habe Ihnen ja schon von der Gemeinde in Shanghai erzählt, aber ich möchte hier auch erwähnen, dass zur Dampfmaschine auch ein Heizkessel gehört. Menschen, die zu einem Gebetskreis kommen, sollten auch in die praktische Seite der Gemeinde integriert sein und umgekehrt. Und Leute, die gerne praktisch mit anpacken, sollten auch beim Beten dabei sein, denn sonst entwickeln sich zwei Gemeinden – die „Marthas" und die „Marias" – und sie brauchen einander doch. Aber es gibt auch noch die Gesamtgemeinde, und es gibt Zeiten, in denen es wichtig ist, dass die ganze Gemeinde zum Gebet zusammenkommt.

Der dritte Kreis ist noch größer, und das ist der Hauptgottesdienst. Hier ist es viel schwieriger miteinander zu beten. Es ist schwierig, weil wir so viele sind.

Ich möchte Ihnen erläutern, wie man früher die richtige Tonlage beim Gesang in der Kirche angestimmt hat – vielleicht wissen Sie das noch nicht. Bevor technische Hilfsmittel entwickelt wurden, um die menschliche Stimme zu verstärken, ging man nach Bauabschluss einer riesigen Kathedrale durch das Gebäude und sang eine Tonleiter. Wenn man den richtigen Ton traf, begann das Gebäude zu vibrieren. Dann wurden die Gebete in dieser Tonlage gesungen. Das waren die Ursprünge des Psalmodierens im Gottesdienst. Es war eine sehr vernünftige Vorgehensweise, auch wenn sie heute ziemlich überflüssig geworden ist, wo wir Verstärkersysteme haben. Trotzdem ist es immer noch ausgesprochen wichtig, dass jeder alles hören kann und dass wir alle zusammenkommen.

Wie ich bereits betont habe, gibt es den richtigen Zeitpunkt und den richtigen Ort für Gebete aus Büchern. Wenn wir ein Gesangbuch verwenden, was tun wir dann anderes als gemeinsam zu beten? Wir brauchen manchmal mehr Koordination, und darum gibt es auch den richtigen Zeitpunkt für vorformulierte Worte, damit wir als große Gruppe zu einer größeren Einheit finden, wenn wir sie nachbeten. Darum verwenden wir mal freie Gebete und mal Gebete aus Büchern, darum singen wir Choräle miteinander und lesen Abschnitte aus der Schrift. Das ist überhaupt der Grund, warum wir Choräle singen. Es ist ziemlich albern zu glauben, dass es geistlicher ist, ohne Bücher zu singen oder ohne Bücher zu beten oder völlig spontan zu sein. Je größer die Anzahl der Menschen in einer Versammlung ist, desto wichtiger wird es, Worte zu haben, die eine so große Gruppe relativ schnell im gemeinsamen Gebet einen können.

Vorformulierte Dankgebete vor dem Essen sind ein weiteres Beispiel. Im Übrigen ist auch das dreifache Amen eine ungeheure Ermutigung. Scheuen Sie sich nicht davor, „Amen" oder „Halleluja" zu sagen, wenn Sie einem Gebet beipflichten wollen. Wie groß eine Gemeinde auch sein mag, der Herr liebt es, ein kräftiges „Amen" zu hören. Es ist ein Wort, dem wir alle uns anschließen und das wir ihm darbringen können.

Dann gibt es noch einen größeren Kreis – nämlich die Gemeinde Jesu Christi auf der ganzen Welt. Wann immer jemand von uns in einem Gottesdienst betet, sind wir nicht allein, sondern stimmen mit ein in die weltweite Gemeinde. Wir beten mit den Heiligen. Halleluja! Auch jetzt, in diesem Moment, gibt es ein unaufhörliches 24-Stunden-Gebet. Kennen Sie den Choral *Der Tag, mein Gott, ist nun vergangen?* Eine Strophe lautet:

> *Denn unermüdlich, wie der Schimmer des Morgens um die Erde geht,*
> *ist immer ein Gebet und immer ein Loblied wach, das vor dir steht.*

Im Gebet sind wir mit einer Gebetskette rund um die Welt verbunden und beten mit allen Heiligen.

Und schließlich gibt es noch einen größeren Kreis, und dieser umfasst Himmel und Erde: „Mit allen Engeln und Erzengeln und mit dem ganzen himmlischen Heere ..." – so heißt es in der Abendmahlsliturgie. Aber bedeuten Ihnen diese Worte auch etwas? Sie deuten darauf hin, dass wir einem sehr großen Kreis angehören. Privates Gebet? So etwas gibt es nicht.

Ich erinnere mich, wie ich einmal eine nette alte Dame besuchte, die allein lebte und nur selten besucht wurde – eine wunderbare Heilige Gottes. Sie konnte keine Gebetsgemeinschaft haben, außer wenn sie Besuch bekam und dann zusammen mit ihrem Besuch betete. Ich fragte sie: „Wie kommen Sie damit zurecht? Ist für Sie dieser Zustand nicht entmutigend?" Sie fand das nicht und ich werde nie vergessen, wie sie mir antwortete: „Ich liege zwar im Bett, aber wenn ich anfange zu beten, dann stimmen alle Engel mit ein." Sie war jedes Mal, wenn sie betete, Teil einer Gebetsgemeinschaft. Sie betete nie privat, sondern war umgeben von himmlischen Wesen, wenn sie in diesem kleinen Raum betete! Sie hatte entdeckt, dass christliches Gebet ein Beten mit den Heiligen ist.

Warum sollte es Gott besser gefallen, wenn wir zum Beten zusammenkommen? Warum sollte unser Gebet mehr Kraft haben, wenn wir gemeinsam beten? Es muss einen Grund dafür geben. Ich habe meinen Kindern eigentlich versprochen, dass ich sie in meinen Büchern nicht erwähne und muss sie um Verzeihung bitten, dass ich hier trotzdem eine einzige Geschichte erzählen möchte. Ich musste daran denken, wie sich meine Kinder, als ihre Abschlussprüfungen in der Schule näher rückten, zu dritt zusammentaten und einen Vertrag entwarfen, den ich unterschreiben sollte. Sie beratschlagten sich lange untereinander und kamen zu dem Schluss, dass ihr Vater ja schließlich stolz darauf sein könne, wenn sie mit Auszeichnung bestehen würden, und listeten sorgfältig verschiedene Geldbeträge für ihre Abschlussnoten auf. Sie stimmten sich untereinander ab und brachten mir das Papier zum Unterschreiben, damit sich ihre Anstrengungen auch finanziell lohnen würden! Ich las den Vertrag genau durch und sagte dann: „Also, es fehlt nur eine einzige Sache. Hier steht nämlich nichts darüber, wie viel ihr mir schuldet, wenn ihr durchfallt!" Sie nahmen den Vertrag, dachten noch einmal darüber nach und legten einen Betrag fest, den sie mir schuldig wären, wenn sie durchfielen. Wir überarbeiteten das Dokument und ich unterschrieb es. Wir verwahrten es an einem sicheren Ort im Haus, bis es zum Einsatz kam.

Ich bin ein Vater, und genauso geht es Gott. Der Punkt ist, dass ein Vater viel stärker auf etwas reagiert, wenn die Kinder sich zusammentun und in einer Sache einig werden und sich miteinander absprechen. Wenn die Kinder irgendetwas unbedingt wollen und sich auf liebevolle und geschwisterliche Weise verbünden, dann kann man als Vater schon aufgrund der Tatsache, dass sie sich so einig sind und ihre Bitte gemeinsam vortragen, nur schwer widerstehen. Warum? Eltern lieben es, wenn ihre Kinder gut zusammenarbeiten, oder etwa nicht? Gott ist ein Vater und er liebt es, wenn seine Familie sich einig ist. Er liebt es, wenn sie einer Meinung sind; er liebt es, wenn sie ein Herz und eine Seele sind. Er hat seinen Geist an Pfingsten ausgegossen, als sie nicht nur am selben Ort, sondern auch einmütig beisammen waren. Er wollte seine Familie segnen und will seinen Leib mit seinem Geist erfüllen; er will seine Familie mit Liebe erfüllen; er will uns Gaben geben, und darum schaut er vom Himmel herab und wartet darauf, dass seine Kinder auf Erden eins werden, miteinander kooperieren und als Familie zu ihm kommen. Ich kann all die Lehren des Neuen Testaments über das gemeinsame Gebet der Heiligen nicht anders erklären als damit, dass wir das Wesen des himmlischen Vaters erkennen müssen, nach dem jede Familie auf Erden geschaffen wurde. So wollen wir nun freimütig zum Thron der Gnade treten und seine Barmherzigkeit empfangen zu unserer Hilfe.

Gebet
Vater, wir danken dir für die Gemeinschaft im Herrn. Wir danken dir, dass es dein Wille ist, dass wir zusammen beten, dass wir einander lieben und gemeinsam unsere Bitten zu dir bringen. Danke für die Kraft, die auf dem einmütigen Gebet liegt. Herr, ich bete, dass alle in unserer Gemeinde nicht nur zu den Gottesdiensten kommen, sondern sich auch mit anderen zum Beten treffen, ganz egal wie klein die Gruppe auch sein mag, sodass sich eine riesige Gebetswelle erhebt, damit wir erleben, wie du in deiner Kraft große Dinge tust. Herr, wir beten, dass wir eine betende Gemeinde werden und wir beten für visionäre Gruppen, die sich einig sind und in Liebe miteinander umgehen, und die wie Kinder zusammen zu dir kommen und bitten: „Papa, wirst du das tun, weil wir uns einig sind?" Wir wissen, dass du uns liebst und du deinen Namen durch uns verherrlichen willst. Wir bitten dies in Jesu Namen und zu seiner Ehre. *Amen.*

Kapitel 6

ALLEIN BETEN

Lassen Sie mich zusammenfassen, was wir bisher über die Besonderheiten des christlichen Gebets festgehalten haben.

Erstens beten wir zu einem Vater. Keine andere Religion hat so eine Form des Betens – dass wir zu unserem himmlischen Vater kommen und ihn so ansprechen dürfen ist etwas, das keine andere Religion zu lehren gewagt hätte und für viele Menschen zu intim und zu vertraut klingt.

Zweitens habe ich erklärt, dass für einen Christen Gebet bedeutet, dass er zu Jesus betet und ihn um seine Unterschrift unter seine Petition bittet. Wenn wir seine Unterschrift bekommen können, dann werden wir erhört, dann erfüllt sich unsere Bitte und der „Scheck" wird „eingelöst" – und auch das gibt es bei keiner anderen Religion.

Drittens können nur Christen in dieser Welt im Geist beten. Wir werden uns noch ansehen, was das bedeutet. Niemand wird als wirklich guter Beter geboren. Von Natur aus fällt es uns nicht leicht und Gott weiß das ganz genau. Er weiß, dass wir nicht wissen, wie wir beten sollen, wie es sich gebührt, sondern dass der Geist sich unserer Schwachheit annimmt. Und keine andere Religion kann den Geist Gottes anbieten, dass er uns in unserer Schwachheit helfe, also macht das den christlichen Glauben zu etwas Besonderem.

Viertens beten wir gegen den Teufel und ich habe Ihnen bereits einige Hinweise gegeben, was das praktisch bedeuten kann. Sie beten gegen den Teufel, und er wird sie angreifen, und eine seiner beliebtesten Waffen ist Krankheit. Er kann Menschen auf diese Weise binden. Es gibt also eine andere Dimension des Gebets.

Offen gesagt kümmert sich der Teufel auch nicht besonders um andere Formen des Gebets, denn die richten sowieso nicht viel aus, sondern er jagt hinter denen her, die lebendig sind und nicht hinter den Toten.

Wir haben uns auch damit befasst, was es bedeutet, mit den Heiligen zu beten. Es gibt wenige Erfahrungen, die so wunderbar sind wie mit einer Gruppe von Menschen zusammen zu kommen, die Gott kennen. Es ist etwas Einzigartiges, gemeinsam mit ihm zu sprechen und mit den Heiligen zu beten. In anderen Religionen kann man mit anderen Menschen zusammen beten, aber Sie können nur im christlichen Glauben mit den Heiligen beten. Heilige sind nicht solche, die versuchen, zu Gott durchzudringen, sondern die bereits durchgedrungen sind und sich auf dem Weg zur Herrlichkeit befinden.

Nun wollen wir darüber sprechen, wie es ist, allein zu beten. Es geht nicht um „private Gebete", sondern um Gebet im Verborgenen. Diese Unterscheidung mag uns zunächst ein bisschen wie Haarspalterei vorkommen, aber mit Gebet im Verborgenen meine ich, dass man beim Beten nicht von anderen Menschen gesehen wird; mit „privatem Gebet" meine ich Gebet, das zwischen mir und Gott allein stattfindet, und ich habe gezeigt, dass es für einen Christen kein privates Gebet gibt. Wenn ich auf meine Knie sinke, sind der Teufel, Herrschaften und Mächte hinter mir her, der Vater hört mir zu, Jesus ist involviert und der Geist hilft mir, die Heiligen umgeben mich und ich werde von einer kleinen Gruppe von Gläubigen unterstützt, die jetzt für mich beten. Es ist also kein privates Gebet, aber es kann im Verborgenen stattfinden, und so hat es auch unser Herr formuliert. Er sagte: *„Wenn ihr betet, dann geht in euer Kämmerlein und schließt die Tür hinter euch und euer Vater, der ins Verborgene sieht ..."* Er hat nie das Wort privat benutzt. Jemand hat einmal den Satz geprägt, dass das Geheimnis von Religion Religion im Geheimen sei, und das ist ein nützliches kleines Sprüchlein.

Die Bibel fordert uns zum Gebet im Verborgenen auf, z. B. in der Bergpredigt in Matthäus 6. Jesus sagt nicht „Falls ihr betet", sondern *„wenn ihr betet"*. Er sagt nicht „falls ihr gebt", sondern *„wenn ihr gebt"*. Er sagt nicht „falls ihr fastet", sondern *„wenn ihr fastet"*. Er nimmt als selbstverständlich an, dass diese drei Dinge zu unserem ganz normalen Glaubensleben gehören – geben, beten, fasten – und er fordert uns auf, in ein Kämmerlein zu gehen, die Tür hinter uns zuzumachen und auf diese Weise mit Gott allein zu sein. Die Bibel ist voller Beispiele. Wir können uns mit dem Leben irgendeiner bedeutenden Person in der Bibel beschäftigen, sei es Abraham, Mose, Elia oder Daniel, und werden feststellen, dass sie alle gelernt hatten, mit Gott allein zu sein. Auch wenn wir uns unseren Herrn Jesus Christus ansehen, werden wir feststellen, dass er sich von Zeit zu Zeit in die Berge zurückzog, um sich mit seinem Vater zu unterhalten. Und das wollen wir jetzt näher betrachten.

Theoretisch sollte es für einen Christen kinderleicht sein. Schließlich wollen wir, wenn wir jemanden lieben, so viel Zeit wie möglich mit ihm oder mit ihr verbringen. Als ich meine Frau kennenlernte und mich in sie verliebte, war ich gerade viel mit einem christlichen Kollegen in Yorkshire, Nottinghamshire und Lincolnshire unterwegs. Wir evangelisierten, wo immer wir konnten. Wir gingen in die Kohlebergwerke und unterhielten uns mit den Männern mit den schwarzen Gesichtern; wir gingen in Kneipen; wo immer wir mit Leuten in Kontakt kommen konnten, da gingen wir zusammen hin. Der Mann, mit dem ich unterwegs war, bemerkte irgendwann, dass ich immer wieder über längere Zeit verschwand. Ich erzählte ihm nie, wo ich gewesen war, aber er merkte schnell, dass ich frisch verliebt war. Wenn man jemanden wirklich liebt, dann sagt man nicht: „Ach du liebe Zeit, ich muss es heute irgendwie noch hinkriegen, mindestens eine halbe Stunde Zeit für ihn zu haben." Wenn jemand so reden würde, kämen Sie dann darauf, dass diese Person verliebt ist? Natürlich nicht. Theoretisch sollte es eigentlich das Einfachste auf der Welt sein, viel Zeit mit ihm zu verbringen, wenn ich Jesus liebe, aber in der Praxis fällt es Christen oft ziemlich schwer.

Ich möchte ganz praktisch an die Sache herangehen. Was das Gebet betrifft, sprechen wir hier immer noch über ganz grundlegende Bereiche. Gleichzeitig denke ich an jene Heiligen, die Gott schon sehr nahe gekommen sind und mich ein paar Dinge lehren könnten. Unter dieser Prämisse möchte ich mich nun mit diesem ganz praktischen Problem beschäftigen: Wenn ich meinen Jesus theoretisch liebe, warum sollte es mir dann überhaupt schwerfallen, stundenlang Zeit mit ihm zu verbringen? Würde es sich um meine Frau handeln, wäre ich sogar mit Spikesschuhen sechs Stunden lang um das Britische Museum herumgelaufen, nur um mit ihr zusammen zu sein, und es hätte noch nicht einmal besonders interessant sein müssen – Liebe sorgt nämlich dafür, das wir einfach mit jemandem zusammen sein wollen, dass wir uns ganz entspannt fühlen und uns niemals die Themen ausgehen, über die wir reden könnten. Warum sollten wir dann mit dem Beten so viele Probleme haben?

Wie fühlen Sie sich, wenn Sie ein christliches Lied oder einen Choral singen, dessen Worte unsere Liebe zum Herrn beschreiben, Sie in diesem Moment aber gar nichts fühlen? Haben Sie ein schlechtes Gewissen, wenn Sie diese Worte singen? Wenn dem so ist, dann werde ich Ihnen helfen, denn falsche Gewissensbisse sind so ziemlich das ungeeignetste Fundament, auf das wir unser Gebetsleben aufbauen könnten. Sie sollten mit sich selbst ehrlich sein und wissen, dass der Herr will, dass Sie beten und jede Hilfe bekommen, die Sie kriegen können.

In der Praxis unterscheiden sich die Schwierigkeiten von Temperament zu Temperament. Wenn Sie beispielsweise eine extrovertierte, kontaktfreudige Person sind, dann finden Sie es sicherlich leichter, mit den Heiligen zu beten als allein. Wenn Sie eine eher introvertierte, nach innen gekehrte Person sind, dann fällt es Ihnen vielleicht leichter, allein zu beten als mit den Heiligen. Manche unter uns haben größere Schwierigkeiten als andere, wenn es darum geht, im Verborgenen zu beten, so wie einige in einem Gebetskreis größere Probleme haben als andere. Doch die meisten von uns werden an irgendeiner Stelle einmal mit Schwierigkeiten zu kämpfen haben.

Es gibt einen ganz einfachen und offensichtlichen Grund, warum wir es so schwierig finden zu sagen: „Ich liebe Jesus, darum fällt es mir überhaupt nicht schwer, stundenlang Zeit mit ihm zu verbringen und mit ihm zu reden." Ich erinnere mich noch an einen Jugendtreff am Sonntagabend. Wir saßen auf unserem Rasen und hatten eine sehr ehrliche Diskussion. Jemand warf ein: „Warum ist es schwieriger, Zeit mit Jesus zu verbringen als mit meinem Freund (oder meiner Freundin)?" Wir erörterten die Frage: Wenn ich mich in einen Menschen verliebe, dann fällt es mir zunächst deshalb leicht, mit ihm zu kommunizieren, weil meine physischen Sinne ihn wahrnehmen, denn ich nehme seine Anwesenheit durch äußerliche Sinnesreize auf – ich kann den anderen sehen, hören, berühren und auch riechen, wenn er Parfum oder Aftershave benutzt! Diese äußerlich wahrnehmbaren Sinnesreize seiner Anwesenheit geben uns innerliche Empfindungen, die angenehm sein können. Aber wenn ich zu Jesus beten will, dann fehlen die äußerlichen Sinneseindrücke seiner Gegenwart, und so stellen sich auch die innerlichen Empfindungen oft nicht ein, und dadurch entsteht das Problem.

Als ich mit meiner Frau ausging, empfing ich äußere Sinneseindrücke von ihr. Ich konnte sie halten, küssen, mit ihr reden, und spürte innerliche Empfindungen, während ich das tat, und das alles machte es höchst angenehm. Aber wenn wir uns mit jemandem in einem Raum befinden, den wir nicht sehen, hören, berühren oder riechen können, dann bekommen wir ein Problem, wenn die Gefühle, die sich aufgrund der äußerlichen Anwesenheit einstellen, ausbleiben. Wenn es Ihnen noch nie so gegangen ist, dann können Sie dieses Buch sofort weglegen. Es gibt aber Zeiten, in denen wir die Gegenwart Jesu so eindeutig spüren, dass sie fast schon zu real ist, fast schon zu viel. Aber das ist wahrscheinlich nicht immer so.

Wie können wir diese Schwierigkeiten überwinden? Manche Leser erinnern sich vielleicht noch daran, dass es bei den alten englischen Münztelefonen einen „Knopf A" gab, den man drücken musste, damit die Münzen auch freigegeben und die Verbindung hergestellt wurde. Ein Mann sagte einmal zu mir: „Für mich ist beten wie ein Telefongespräch, bei dem ich Knopf A nicht gedrückt habe. Es ist, als würde ich mit mir selbst reden. Ich scheine keine Verbindung zu bekommen." Ich weiß von einem Schüler, der das einmal mit seinem Rektor gemacht hatte. Der Rektor hatte ihn der Schule verwiesen und der Junge war sehr verärgert und wütend deswegen. Er rief den Rektor an und erzählte ihm, ohne Knopf A gedrückt zu haben, ganz genau, was er von ihm hielt, und auf diese Weise konnte er sich einmal richtig Luft machen! Manche Menschen meinen, mit dem Gebet sei es auch ein bisschen so: Es tut gut, sich alles von der Seele zu reden, es ist gut zu beten, aber am anderen Ende der Strippe ist keiner, der uns hören kann. Aber so ist Beten nicht. Beten ist ein Gespräch zwischen zwei Partnern. Aber vielleicht müssen wir dieses Gefühl, da wäre nicht wirklich einer am anderen Ende, erst überwinden.

Als ich einmal von Jerusalem in Richtung Norden fuhr, sah ich die Helen-Keller-Schule, die sich um Kinder kümmert, die sensorische Beeinträchtigungen haben (inklusive visuelle und akustische Störungen, Taubblinde, sowie in vielen Fällen zusätzliche Mehrfachbehinderungen) – und ich musste an diese erstaunliche Frau denken. Helen Keller war blind und taub geboren und deshalb auch stumm, denn sie hörte nie die menschliche Sprache, konnte keine Worte aussprechen und war deshalb auch unfähig, mit ihrer Umgebung und sogar ihrer eigenen Familie zu kommunizieren, außer durch Berührung. Da ihr die Sinne fehlten, die die meisten von uns benutzen, um mit anderen Menschen Kontakt aufzunehmen, kämpfte sie mit sich und anderen. Eine Dame namens Ann Sullivan nahm sich ihrer an; sie kämpften und rangen miteinander, und der Kampf war sehr real. Aber sie erreichten, dass Helen mit anderen Menschen kommunizieren konnte, mit ihnen redete und zuhörte und plötzlich großen Einfluss ausüben konnte. Während ich an Helen Keller dachte, wurde mir bewusst, dass wir dasselbe Problem mit dem Gebet haben. Von Natur aus bin ich blind für den Herrn, ich bin taub und stumm für den Herrn, und darum bleibe ich stumm und weiß nicht, wie ich reden soll. Ich muss lernen, ohne die Sinne zu kommunizieren. Jede andere Beziehung, die ich im Leben aufgebaut habe, kam durch meine Sinne zustande, aber diese Beziehung kann so nicht funktionieren, und darum muss ich dazulernen – aber wenn Helen Keller dazu in der Lage war, dann kann ich es auch. Vor allem, weil ich einen noch besseren Lehrer habe als Helen Keller. Der Heilige Geist ist ein hervorragender Lehrer. Er möchte wirklich gerne, dass ich dieses Problem überwinde und merke, dass die Person, zu der ich bete, genauso real gegenwärtig ist wie meine Frau. Das ist, so meine ich, das wichtigste Ziel für unsere Anfangsprobleme im Gebet.

Es gibt so Vieles, was wir erst mühsam lernen müssen, bevor wir Spaß daran haben können. Genauso ist es mit dem Gebet. Erinnern Sie sich noch daran, wie es war, Tonleitern zu üben, als Sie Klavierspielen lernten? War das ein Muss oder hat es Spaß gemacht? Wenn Sie heute Freude am Klavierspiel haben, dann liegt das daran, dass Sie gelernt haben, die anfänglichen Schwierigkeiten zu überwinden. Erinnern Sie sich, wie Sie Autofahren gelernt haben? Der Kampf mit der Kupplung? Nach den ersten paar Fahrstunden waren Sie vielleicht der Verzweiflung nahe und bekamen Angst vor dem Ding, bis Ihr Lehrer Sie dazu zwang, diese Probleme zu überwinden. Ich gehe davon aus, dass Sie inzwischen das Stadium erreicht haben, bei dem Sie Spaß am Autofahren haben und es genießen können. Egal was es ist, denken Sie an etwas, das Ihnen wirklich Freude macht, und fragen Sie sich: Gab es anfänglich nicht auch eine Zeit, in der es mehr Pflicht als Freude war?

Wenn es die Sache wirklich wert ist, dann hat es sicherlich auch einmal eine Zeit gegeben, da mussten Sie die Ärmel hochkrempeln und sich hineinknien und daran arbeiten, bis Sie weiterkamen. Ich verspreche Ihnen keinen einfachen Spaziergang in die Gegenwart Gottes, sondern möchte Ihnen nur sagen, dass es nicht so mühevoll bleiben muss. Aber vor allem am Anfang gibt es dabei vielleicht auch ein Element der Pflicht und schieren Selbstdisziplin.

Weil ich auf einen bestimmten Punkt hinauswollte, habe ich die Liebe, die ich für meine Frau empfinde, mit meiner Liebe zum Herrn verglichen, bzw. wie diese Liebe sich in meinem Handeln ausdrückt. Natürlich kann ich meine Liebe zum Herrn nicht mit der Liebe zu meiner Frau gleichsetzen, und auch Sie sollten das nicht tun, denn es geht dabei um eine ganz andere Art von Liebe. Die Griechen hatten unterschiedliche Wörter für verschiedene Arten von Liebe. Aber trotzdem gibt es einige Parallelen, wie unsere Liebe sich ausdrücken sollte – zum Beispiel durch Loyalität und Selbstverpflichtung. Wie hat der Herr seine Liebe zu mir ausgedrückt? Indem er von einem prickelnden Gefühl der Zuneigung für mich überwältigt wurde? Nein, er drückte seine Liebe dadurch aus, dass er eine Sache zu Ende brachte, die er eigentlich nicht tun wollte und auf die er überhaupt keine Lust hatte: Er ging ans Kreuz. So hat er mir seine Liebe gezeigt. Wenn ich ihm meine Liebe zeigen möchte, dann sollte auch ich dazu bereit sein, einen Prozess zu durchlaufen, der die Früchte bringt, die er sich wünscht. In der göttlichen Liebe gibt es ein Element der Loyalität und Selbstverpflichtung. Es ist ein Element, das auch in der menschlichen Liebe dazu kommen muss, damit sie sich lohnt.

Was tun wir bei einem Traugottesdienst? Stellen wir da nur fest, dass zwei Menschen sich verliebt haben? Nein, denn das reicht nicht aus, damit die Beziehung dauerhaft wird; so wird sie nicht stabil, nicht fest genug. Die beiden sind miteinander ausgegangen, haben sich an der Gesellschaft des anderen gefreut, haben Gefühle füreinander entwickelt, werden durch den anderen beflügelt und teilen Interessen. Aber das ist nicht genug. Das Pärchen wird aufgefordert, loyal zueinander zu stehen, sie verpflichten sich zu etwas und werden aufgefordert, feierlich zu geloben, dass sie sich niemals trennen, sondern in guten wie in schlechten Tagen zusammenbleiben, in Armut und in Reichtum, bis der Tod sie scheidet. Sie brauchen zu ihrer menschlichen Liebe noch ein wenig göttliche Liebe und müssen die Selbstverpflichtung als Teil ihrer Liebe verstehen. Auch wenn man sich am Montagmorgen, wenn man den Frühstücksabwasch macht, nicht immer so toll fühlt wie in den Flitterwochen, so handelt es sich doch immer noch um Liebe, denn man beweist seine Loyalität. Wenn Sie den Herrn lieben, werden Sie ihm Ihre Liebe nicht zeigen, indem Ihr Herz überschäumt vor Glück, sondern indem Sie seine Gebote halten und das tun, wozu Sie sich verpflichtet haben. Das ist die Liebe, die er lehrte. Und nur diejenigen, die lernen, sich an ihr Versprechen zu halten, werden auch ihr Glück dabei finden. Das ist das Erste. Wir brauchen also ein gewisses Maß an Selbstdisziplin.

Wir dürfen unsere Gefühle von unserem Gebetsleben nicht abkoppeln – bitte tun Sie das nicht. Manche Christen fürchten sich so davor, dass ihre Gefühle außer Kontrolle geraten, dass sie sich selbst davon zu überzeugen versuchen, dass sie keine Gefühle haben, und das ist traurig. Aber hängen Sie Ihre Gefühle an Ihren Glauben und nicht Ihren Glauben an Ihre Gefühle.

Lassen Sie mich erklären, was ich damit meine. Vielleicht ist Ihnen sonntags in der Kirche danach zu beten, wenn Sie weit weg von ihrem Chef und von Ihrer Arbeit sind. Am nächsten Morgen aber fühlen Sie sich vielleicht schon wieder anders – jetzt haben Sie gar keine Lust mehr, mit dem Herrn zu reden. Aber ich möchte, dass Sie sich an diesem Punkt im Glauben üben und sich daran erinnern, dass die Faktenlage sich seit Sonntag nicht geändert hat. Ist Gott in der Nacht zum Montag verstorben? Nein. Hat Jesus am Sonntagabend etwa angekündigt, dass er doch nicht auf die Erde zurückkehren wird? Nein. Ist das Reich Gottes nun doch nicht mehr nahe? Nein, es kommt, nichts hat sich verändert, mein Glaube kann immer noch derselbe sein, auch wenn ich den Montagmorgen-Blues habe. Darum kann ich meinem Glauben gemäß beten. Und wenn ich mir vorstelle, dass Gott immer noch auf seinem Thron sitzt und Jesus immer noch wiederkommt und das Reich Gottes immer noch kommen wird, dann holen auch meine Gefühle wieder auf, bis sie meinem Glauben entsprechen – also lassen Sie Ihre Gefühle nicht außen vor, sondern lassen Sie Ihre Gefühle von Ihrem Glauben mitreißen und Ihren Glauben von den Fakten mitreißen.

An dieser Stelle noch ein Wort zur Warnung: Sie können mit Ihrem Gebetsleben auch umgehen wie mit einer kalten Dusche. Wissen Sie, was ich damit meine? Wenn es immer eine reine Pflichtübung bleibt und sich von diesem Punkt nie weiterentwickelt, dann ist es wie bei einer kalten Dusche am Morgen: Wir stellen den Wecker, beißen die Zähne zusammen und stellen uns drunter. Aber wir haben überhaupt keine Freude daran.

Wie entdecken wir dann aber, dass Gott wirklich da ist und der Herr Jesus unserem Gebet wirklich zuhört? Es gibt zwei Dinge, die ich hierzu näher betrachten möchte.

Erstens denke ich, dass wir uns vom Dranbleiben aus Loyalität zu einem zweiten Stadium weiterentwickeln werden, bei dem wir im Rückblick wissen, dass er da war. Das, würde ich sagen, ist das zweite Stadium. Stadium 1: Sie beten und fragen sich, ob er Sie wohl hört, aber Sie tun es einfach, weil Sie wissen, dass Sie es erst lernen müssen, und Sie tun es, weil er Ihnen die Kraft dazu gibt. Stadium 2: Sie haben es getan, ohne seine Gegenwart zu fühlen, aber hinterher passiert etwas, das zeigt, dass er da war.

Ich muss daran denken, was passierte, als die Jünger Jesus zum ersten Mal nach der Auferstehung begegneten, als sie zum ersten Mal merkten, dass er anwesend war. Sie konnten ihn berühren, sehen und hören und er sagte: „Friede sei mit euch." – Das war toll, sie hatten Jesus bei sich. Thomas stieß kurze Zeit später zu den Jüngern. Sie erzählten Thomas, dass Jesus da gewesen war.

Thomas wusste nicht, was er verpasst hatte. Aber Thomas sagte, dass er ihnen nicht glaubte. Er wollte es selbst sehen. Er schaute sich im Zimmer um, aber sie waren mutterseelenallein. Sein Jesus hatte Löcher in den Handflächen und eine klaffende Wunde in seiner Seite – erst, wenn er seine Finger in diese Löcher und seine Hände direkt auf den tiefen Riss in der Seite legen konnte, würde er glauben, was sie sagten. Eine Woche später trat Jesus im gleichen Raum zu ihm und sagte: *„Thomas, komm und lege deine Finger in meine Wunden und in meine Seite!"* – und Thomas antwortete: *„Mein Herr und mein Gott, du bist da."*

Verstehen Sie, was ich sagen will? Zwischen seiner Auferstehung und Himmelfahrt lehrte Jesus seine Jünger, sich bewusst zu machen, dass er gegenwärtig war, auch ohne dass ihre Sinne ihn wahrnahmen. Darum liegen sechs Wochen zwischen der Auferstehung und der Himmelfahrt. Sechs Wochen lang kam Jesus und ging wieder, bis sie nicht mehr wussten, ob er gerade kam oder ging – bis sie schließlich wussten, dass er auch dann nicht weg war, wenn er ging! Das ist es, was die Bibel lehrt. An dem Tag, an dem Jesus in den Himmel zurückkehrte und sie seinen Leib in den Wolken verschwinden sahen, wussten sie, dass sie diesen Körper nicht mehr berühren oder hören konnten. Seine letzten Worte zu diesem Zeitpunkt waren: *„Siehe, ich bin bei euch alle Tage."* Von nun an würden sie keinen ihrer Sinne mehr brauchen, um seine Gegenwart zu spüren. Sie waren entwöhnt worden und Jesus sagte: *„Glückselig sind, die nicht gesehen und doch geglaubt haben."* Himmelfahrt bedeutet, dass er sich der Reichweite unserer Sinne entzieht. Die Leute sagen: „Ich könnte an ihn glauben, wenn du ihn mir zeigen könntest. Wenn er am Sonntag in die Kirche käme und predigen würde, das wäre super." Aber auch ohne irgendeinen meiner Sinne weiß ich, dass Jesus jetzt hier ist – vielleicht kann ich ihn nicht hören, nicht sehen oder berühren, aber er ist da. Himmelfahrt bedeutet: *„Siehe, ich bin bei euch alle Tage bis ans Ende der Welt."*

Woher wissen wir das? Oft im Nachhinein – oder anders

gesagt bekommen wir die Antwort erst später. Wenn wir davon sprechen, dass unsere Gebete erhört wurden, dann wissen wir, dass er gegenwärtig war, weil wir im Rückblick sehen, was passiert ist. Also muss er zugehört haben. Das bedeutet, dass Sie mehr Zuversicht beim Beten bekommen. Es ist mehr als eine Verpflichtung, es wird zu einem Vorrecht, denn wie schon Spurgeon gesagt hat, neigt sich durch Gebet die Allmacht des Himmels unserem Verlangen entgegen. In Antwort auf unser Gebet ändert Gott seine Meinung. Er ändert sich nicht in seinem Wesen, unser Gebet verändert nicht, wer er ist, aber es verändert, was er tut. Es gibt viele Beispiele in der Bibel für Menschen, die mutig genug waren, mit Gott zu streiten. Mose tat es und Gott änderte seine Meinung und handelte anders als geplant. Er änderte nicht sein Wesen, aber Mose bat Gott so effektiv, dass Gott seine Meinung änderte, und die Bibel sagt, dass Gott umkehrte, sein Denken änderte (das ist es, was das Wort „Umkehr" eigentlich bedeutet). Manchmal erkennen wir erst rückblickend, dass Gott etwas getan hat, was er nicht getan hätte, wenn wir nicht gebetet hätten.

Wir kommen an einen Punkt, wo wir eine so erstaunliche Serie von Fügungen erleben, dass wir schon allein statistisch davon ausgehen müssen, dass er uns gehört hat. Dadurch fangen wir an, zuversichtlicher zu beten, auch wenn wir seine Gegenwart nicht fühlen, weil wir wissen, dass er zuhört, da so Vieles eingetroffen ist.

Wenn wir beten, kann es passieren, dass die Antwort nicht das ist, worum wir gebetet haben. Die Ermutigung, nach der wir uns gesehnt haben, bekommen wir aber trotzdem durch die Antwort. Offen gesagt kann es befriedigender sein, eine Antwort zu erhalten anstatt eine Bitte erfüllt zu bekommen. Es gibt einen feierlichen Text in den Psalmen, wo es heißt, dass Gott ihnen ihre Bitten erfüllte, aber Schwindsucht in ihre Seele sandte; er gab ihnen, was sie wollten, aber sie gerieten geistlich auf dünnes Eis. Gott erhört uns, und seine Antworten bringen uns im Gebet weiter zu Stadium 2. Hiob fragte einmal: *„Was hilft es uns, dass wir mit Bitten in ihn dringen?"* Die Antwort lautet: Er erhört uns und dadurch werden wir ermutigt, weiter zu beten. Wenn Sie beten, dann beten Sie zu einem Vater und König. Wenn Sie zu einem König beten, dann können Sie mit großen Dingen zu ihm kommen, aber wenn Sie zu einem Vater beten, dann können Sie auch mit kleinen Dingen zu ihm kommen. Ist das nicht ein wunderbarer Gedanke? Wenn er ein Vater ist, dann weiß er, wie viele Haare auf meinem Kopf wachsen und bemerkt, wenn ein Sperling auf die Erde fällt. Ein König kümmert sich um große Angelegenheiten, ein Vater kümmert sich um kleine Dinge, die für seine Kinder wichtig sind, also darf ich kommen und eine Antwort erwarten.

Stadium 3 im Gebet ist das Stadium, das ich *Einsicht* nennen möchte. Ich möchte weiter gehen als nur im Nachhinein zu wissen, dass er gegenwärtig war, und frage: Kann ich jedes Mal, wenn ich bete, wissen, dass er da ist, noch während ich bete? Kann ich seine Gegenwart jedes Mal spüren, oder nicht? Letztendlich wäre dies die größte Ermutigung zum Beten. Solange ich mich in Stadium 1 befinde und bete, weil ich weiß, dass es richtig ist, entschlossen seine Gebote zu halten und meine Liebe zu ihm unter Beweis zu stellen, aber ohne seine Gegenwart im Geringsten zu spüren, bleibt es eine ziemlich zähe Angelegenheit. Wenn ich zu Stadium 2 komme und anfange, Erhörungen zu erleben, wird es viel leichter für mich, weiter zu beten, weil ich weiß, dass irgendetwas geschehen wird, weil ich bete. Aber man fühlt immer noch nicht seine Gegenwart im Augenblick des Betens. Es gibt aber ein drittes Stadium, und Gott sei Dank wissen Sie, wenn Sie dieses Stadium erreicht hat, dass er sich im Raum befindet, während Sie reden.

Aber wie kommt es dazu? Es gibt keine „Technik" dafür, und doch merke ich, wenn ich meine Bibel lese, dass es immer wieder Menschen gibt, die genau mit diesem lebendigen Sinn für seine Gegenwart zu Gott sprechen, als würden sie einfach mit ihm plaudern. Haben Sie das auch schon festgestellt? Haben Sie schon einmal gedacht: „Wenn ich doch nur mit Gott reden könnte wie Mose, wie in einem richtigen Gespräch, bei dem ich sofort eine Antwort bekomme und weiß, dass er da ist!"? Wie kommt es dazu?

Ich glaube nicht, dass es eine bestimmte Technik gibt, die uns dabei hilft, die Gegenwart Gottes zu erkennen. Ich habe viele Bücher zum Thema Gebet gelesen und viele Methoden studiert. Manche sagen, wir sollen sitzen, andere wollen, dass wir stehen. Einige lassen uns knien, oder meinen, wir sollen auf dem Boden liegen. Manche schlagen vor, spazieren zu gehen, oder sagen, wir sollen die Augen offenhalten. Andere sagen, wir sollen sie schließen. Manche sagen, wir sollen im Schlafzimmer beten, andere wollen, dass wir eine bestimmte Straße auf dem Weg zur Arbeit wählen. Oder sie meinen, wir sollen aufs Land hinaus und uns in den Bergen zurückziehen. Manche sagen dies, andere jenes – und die Techniken lassen uns ein wenig verunsichert zurück. Eine Dame kam einmal auf mich zu uns sagte, seit sie ihre Hände so gebrauche, wie ich es erklärt hätte, würde Gott ihr zeigen, wie sie die Gebete formulieren solle. Ich sagte ihr: „Gott hat Ihnen wirklich eine Unterscheidungsgabe im Gebet geschenkt, denn Sie beten immer genau für das Richtige, wenn Sie in einer Gebetsgemeinschaft sind, obwohl Sie das nicht wissen können."

Sie antwortete: „Seit ich meine Hände auf diese Weise gebrauche, gibt er mir die Gebete, die ich beten soll." Das ist wunderbar, aber ich möchte hier keine Techniken betonen. Ich denke, das Wichtigste im Gebet ist, dass wir entspannt sind und in Verbindung mit Gott. Wenn Sie entspannter sind im Sitzen, dann sollten Sie sitzen. Wenn Sie entspannter sind und sich mit ihm verbundener fühlen, während Sie knien, dann sollten Sie auf die Knie gehen. Wenn Sie bei offenen Augen entspannter sind und sich mit ihm verbundener fühlen, dann sollten Sie die Augen offenhalten. Und wenn es umgekehrt ist, dann sollten Sie die Augen schließen. Experimentieren Sie, variieren Sie so lange, bis Sie merken, was für Sie richtig ist. Es gibt keine Technik, die zu jedem passt, sondern das Wichtigste ist: Kann ich zu dem Punkt kommen, dass er mit mir im Raum ist und mit mir redet? Die Antwort lautet: Ja, das geht. Das geschieht nicht im Fleisch, denn unsere Sinne sind fleischlich; es geschieht nicht einmal in unserem Verstand, denn unser Verstand kann sich so leicht in den Weg stellen und unsere Gedanken schweifen ab zu anderen Dingen.

Ich werde Ihnen sagen, wie es meiner Meinung nach passiert. Wenn Sie Christ sind, gibt es noch einen weiteren Teil in Ihrer Persönlichkeit, der jetzt lebendig geworden ist. Sie sind nicht nur Körper und Verstand (oder wie die Griechen sagen würden nur Fleisch und Seele), sondern Sie sind auch Geist, und es ist der Geist, der sich der Gegenwart Jesu im Raum bewusstwerden kann. Mit anderen Worten gibt es eine Tiefe der Beziehung, die weiter reicht als es für Körper und Verstand möglich wäre. Menschliche Beziehungen beschränken sich in der Regel auf Körper und Verstand, oder Körper und Seele. Wenn diese beiden zusammenkommen, können Sie eine wundervolle Freundschaft oder Ehe haben. Manchmal können wir mit einem anderen Menschen auch eine solche Tiefe erreichen, dass wir einander richtig gut kennen – wir können schweigen und die Gedanken des anderen kennen, und tief im Innern die Gefühle des anderen verstehen. Aber die Beziehung zu Gott kann auf einer noch tieferen Ebene stattfinden – wenn die Tiefe der Tiefe zuruft: wenn der Geist den Geist ruft.

Viele der Geistesgaben gehen am Verstand völlig vorbei. Diejenigen, die ihrem eigenen Denkvermögen vertrauen, finden es tatsächlich sehr schwierig zu glauben, dass es eine andere Dimension gibt, wo der menschliche Geist mit dem Geist Gottes Gemeinschaft haben kann und Worte des Heiligen Geistes direkt zum menschlichen Geist gehen können, ohne dabei auch nur annähernd in die Nähe des Gehirns zu kommen, und ohne aus dem eigenen Denken zu stammen – da wo unser Geist einfach nur weiß.

PRAKTISCHE ANLEITUNG ZUM GEBET

Wenn der Heilige Geist Ihren Geist berührt, können Sie die intellektuellen Barrieren loswerden, die so viele von uns haben und die unsere Gebete darauf beschränken, im Verstand zu beten. Es gibt auch einen Platz für letzteres. Denn Paulus hat gesagt: *„Ich will beten mit dem Geist, aber ich will auch beten mit dem Verstand."* Wenn Sie noch nie im Geist gebetet haben, dann haben Sie eine echte Dimension des Gebets bisher verpasst. Ich will im Verstand lobsingen und ich will im Geist lobsingen. Ich möchte beide Arten des Gebets in meinem Leben erfahren und beide Arten des Lobgesangs. Ich werde noch darüber sprechen, was ich mit Gebet im Geist meine, aber es gibt eine tiefe Ebene, auf der unser Geist weiß, dass Jesus da ist.

Ich möchte Ihnen eine persönliche Geschichte erzählen. Während ich dieses Buch schrieb, kam ich einmal an den Punkt, dass ich wissen wollte: „Jesus, bist du jetzt gerade bei mir im Zimmer?" Da „explodierte" mein Geist regelrecht. Ich war sehr bewegt, aber es war keine gefühlsmäßige Erregung. Mein Körper und mein Verstand holten meinen Geist innerhalb von ein paar Minuten wieder ein, aber mein Geist *wusste*, dass Jesus da war und ich konnte meinen Geist zu ihm „ausschütten". Ich glaube, dass dies der Punkt ist, an dem Sie die Gegenwart des Herrn erkennen können, wenn Sie beten und sein Geist Ihren Geist wissen lässt, dass er gegenwärtig ist. In dieser Tiefe findet es statt. Ich kann es nicht erklären und ich kann es nicht beschreiben, aber ich sage Ihnen: Manche Heilige brauchen Jahre, um an den Punkt zu kommen, dass sie wissen, dass Jesus da ist, wenn sie beten. Sie haben gelegentlich solche Erlebnisse, aber nicht regelmäßig. Oder, wenn sie in der Gnade über die Jahre zunehmen, kommen sie an den Punkt, dass sie fast immer, wenn sie beten, wissen, dass Jesus bei ihnen ist.

Aber ich habe großartige Neuigkeiten für Sie. Es gibt eine kleine Abkürzung, die Ihnen zur Verfügung steht, und zwar wenn Sie mit dem Heiligen Geist *getränkt* werden. Es ist mir egal, welchen Ausdruck Sie benutzen wollen – getauft im Heiligen

Geist, erfüllt mit dem Heiligen Geist, gesalbt mit dem Heiligen Geist, dass der Heilige Geist auf Sie ausgegossen wird oder auf Sie fällt – aber ich sage Ihnen, wenn Ihr Geist mit seinem Geist getränkt wird, dann werden Sie seine Gegenwart tief in Ihrem Innern erkennen. Sie werden nicht darüber streiten und Ihr Verstand wird sich nicht in den Weg stellen. Tatsächlich wird er sogar Ihren Verstand aus dem Weg räumen, denn es handelt sich um einen nicht zu unterschätzenden Eingriff.

Wenn er im Heiligen Geist tauft, scheint es, als würde er im Gebetsleben einer Person dieses unmittelbare Gefühl der Gegenwart Gottes freisetzen, sodass ihr Geist mit Gottes Geist, mit dem Herrn, mit dem Vater Gemeinschaft haben kann; und sein Geist bezeugt unserem Geist, dass wir Kinder Gottes sind, sodass wir rufen können „Papa, Abba, Vater". Der Geist spricht mit mir auf der Ebene meines Geistes. Meine körperlichen Sinne sagen, dass er nicht im Raum ist, mein Verstand schweift ab und sagt: „Na ja, vielleicht kann ich später die Antworten überprüfen und herausfinden, ob er wirklich zugehört hat", aber wenn der Geist unserem Geist Zeugnis gibt, dann müssen Körper und Verstand auf die Seite treten und mein Geist nimmt die Gegenwart Jesu wahr. Wenn Sie also Probleme damit haben, seine Gegenwart im Gebet zu spüren, dann möchte ich Ihnen vorschlagen, dass Sie anfangen zu beten, dass er Sie mit seinem Geist erfüllt, dass er Sie mit Seinem Geist tränkt. Und ich sage Ihnen, dass Sie seine Gegenwart stärker spüren werden als je zuvor, denn das ist ein Gebet, das er nur zu gerne erhört.

Es ist einfach herrlich! Es steht jedem Christen offen, egal, wie sein körperlicher Zustand oder sein mentaler Zustand auch sein mag. Ich besuchte einmal ein Gemeindeglied, das im Sterben lag. Drei oder vier Tage hatten die Angehörigen schon keine Reaktion mehr von dieser Person bekommen, da sie sich in einem tiefen Koma befand – da war keine körperliche Reaktion, keine mentale Reaktion. Ich hatte ein oder zwei Stunden vor dem Todeszeitpunkt dieses Gemeindegliedes bei der Familie angerufen und man hatte mir gesagt: „Es bringt nichts, wollen Sie wirklich kommen?" Ich bestätigte, dass ich kommen würde und ging hinein. Ich saß am Bett, beugte mich mit meinem Mund nahe zum Ohr des Sterbenden hinunter und sagte: „Ich werde jetzt beten und ich möchte, dass Sie mit mir beten." Ich begann: „Vater unser im Himmel" – und kam nicht weiter, denn seine Lippen bewegten sich: „Geheiligt werde dein Name. Dein Reich komme. Dein Wille geschehe." Es war nicht wirklich der Körper, der dies tat und auch nicht der Verstand, sondern es war der Geist, der immer noch sehr lebendig war. Und diese Tiefe im Gebet meine ich, der Punkt, an dem Gott mit uns Gemeinschaft haben möchte und uns bewusst macht, dass er gegenwärtig ist.

Für eine gewisse Zeit war ich Krankenhausseelsorger für geisteskranke Patienten und führte einmal in der Woche einen Gottesdienst für sie durch. Ich fragte mich oft, ob ich meine Zeit verschwendete, denn ich arbeitete in einer Abteilung, in der Fälle behandelt wurden, die aus medizinischer Sicht das Krankenhaus nie geheilt verlassen würden. Lauter merkwürdige Sachen passierten dabei. Wenn ich einen Choral ankündigte, stand immer ein Mann auf und salutierte die ganze Zeit, während wir sangen; die Musik muss irgendeine entfernte, unterbewusste Erinnerung an eine Militärkapelle in ihm wachgerufen haben.

Ich unterhielt mich eines Tages mit dem Mann, der für dieses Angebot im Krankenhaus zuständig war und meinte: „Wissen Sie, manchmal frage ich mich, ob überhaupt irgendetwas von all dem hier bei den Leuten ankommt." Er sagte: „Mr. Pawson, bitte hören Sie nicht auf zu kommen. Das einzige Mal in der Woche, dass sie sich anders benehmen als sonst, ist während dieses Gottesdienstes. Die einzigen vernünftigen Worte, die manche von ihnen äußern, sind die Worte der Choräle." Das ist der Heilige Geist.

Sehen Sie, es gibt eine Ebene, auf der wir die Gegenwart Gottes empfinden können, die nicht im Bereich unserer Sinneswahrnehmung liegt. Sie ist nicht einmal auf der mentalen Ebene spürbar. („Er muss da gewesen sein, weil wir gebetet haben und er geantwortet hat.") Es ist ein geistliches Bewusstsein, das nicht durch unseren physischen oder mentalen Zustand berührt wird. Halleluja! Wir können uns seiner Gegenwart also bewusst sein. Sein Geist kann Ihrem Geist Zeugnis geben, dass Sie Gottes Kind sind, dass er Ihr Vater ist, dass der Herr Jesus Ihnen zuhört und bereit ist, Ihre Petition zu unterzeichnen; dass der Teufel besiegt ist; dass die Heiligen mit Ihnen sind; und dass der Geist, wenn Sie nicht wissen, wie Sie beten sollen, Ihren Mund mit einer Sprache füllen kann, die Sie nie gelernt haben, und er Sie so zum Beten freisetzt.

Gebet
Vater, ich danke dir, dass du meinen Geist zum Leben erweckt hast, als ich dein Kind wurde. Davor war ich geistlich tot. Ich habe zwar mit dir geredet, aber ich war nicht sicher, ob du mich wirklich hörst. Ich wusste nicht, ob ich wirklich eine Antwort bekommen würde. Herr, ich danke dir, dass du nicht wolltest, dass es so bleibt. Danke, dass du uns eine neue Dimension der Gemeinschaft mit dir geschenkt hast.

Herr, durchtränke und erfülle mich ganz mit deinem Geist, selbst wenn mein Leib und mein Verstand deine Gegenwart nicht fassen können, möge mein Geist so erfüllt sein von dir, dass keinerlei Zweifel in mir ist, dass ich mit dir rede und du zu mir sprichst. Herr, wenn ich mir wünsche, dass meine körperlichen Sinne befriedigt werden, vergib mir. Danke, dass ich Jesus eines Tages mit meinen eigenen Augen sehen werde und ihn mit meinen Ohren hören werde, aber Herr, bis es soweit ist, gib mir den Glauben, dass ich meine Sinne dazu nicht brauche. Herr, wenn mein Verstand es nicht begreift und mein Denken dagegen streitet und meine Gedanken sich ablenken lassen, dann halte meinen Geist nah bei dir. Lehre mich als Freund zu sprechen wie mit meinem Freund, von Geist zu Geist, von Tiefe zu Tiefe zu kommunizieren.

Herr, ich danke dir für das Gefühl deiner Gegenwart, das ich im Augenblick habe. Danke, dass du wirklich da bist. Herr, sprich weiter zu mir und hilf mir, dich zu kennen, dich zu lieben, mit dir zu reden und dir zuzuhören. Ich bitte dies um der Ehre deines Namens willen. *Amen.*

Kapitel 7

FÜR ANDERE BETEN

Es gibt eine Sünde, die von den meisten unter uns schon begangen wurde, wahrscheinlich sogar regelmäßig. Nur betrachten wir sie nur selten als solche. Wir gehen damit um, als hätten wir einmal etwas übersehen, als handle es sich um ein Versäumnis oder um Gedankenlosigkeit. Folgender Vers beschreibt, was ich meine:

„Was mich betrifft – fern sei es von mir, dass ich mich an dem HERRN versündigen und aufhören sollte, für euch zu bitten" (1. Samuel 12,23). Wann haben Sie zuletzt erkannt, dass dies eine Sünde ist und um Vergebung gebeten? Es ist erstaunlich, dass wir diesen kleinen Vers übersehen haben. Fürbitte für andere wird in der Schrift als Pflicht betrachtet, obwohl es auch ein Privileg ist. Wir werden sehen, dass Fürbitte einer der härtesten Aspekte des Gebets ist, den wir lernen müssen. Es ist viel einfacher für sich selbst und für die eigenen Nöte zu beten als für die Nöte anderer Menschen. Wir beten instinktiv für uns selbst, aber es ist nicht so natürlich, für andere Menschen zu beten. Trotz allem jedoch ist es beglückend, wenn wir erfahren, dass unser Gebet für einen anderen seine Wirksamkeit nicht verfehlt hat. Es gibt nur wenige Freuden, die sich damit vergleichen lassen, wenn wir hören, dass unser Gebet für einen anderen auf wunderbare Weise erhört wurde.

Lange bevor ich Christ wurde, entdeckte ich die Kraft des Fürbittegebets. Ich erinnere mich noch lebhaft an einen Weihnachtsmorgen als ich aufwachte und mich irgendwie elend fühlte. Mein Vater sollte an diesem Tag predigen. Während er fort war, erkrankte ich heftig. Ich wusste auch, dass ich sehr krank war. Vater kehrte eilig vom Gottesdienst zurück, nachdem er ihn sogar gekürzt hatte. Der Herr hatte ihm ins Herz gesprochen, dass er zu Hause dringend gebraucht würde, und dass es um mich ginge. Innerhalb 30 Minuten war ich mit Verdacht auf Hirnhautentzündung im Krankenhaus. Ich denke, die Familie litt mehr als ich. Auf jeden Fall war das Weihnachtsessen komplett verdorben. Drei Tage später konnte ich das Krankenhaus völlig gesund verlassen. Am Montagmorgen überreichten meine Eltern mir ein unglaublich langes Stück Papier mit 120 Unterschriften. Darauf stand: „Wir glauben, dass Gott eine Zukunft für David hat und wir werden zusammen für ihn beten." – Und hier bin ich! Aber ich war damals noch kein Christ. Obwohl ich beeindruckt war, wie viele Menschen das Papier unterschrieben hatten, konnte ich noch nicht richtig wertschätzen, was diese Leute für mich getan hatten.

Als ich im September 1947 Christ wurde, hatte ich die Kraft der Fürbitte bereits gespürt. Es war ein Freitagabend, als ich Christ wurde. Ich war eine Woche mit etwa 100 anderen Jugendlichen zusammengewesen, von denen die meisten Christen waren. Es ist ziemlich peinlich, in einen Raum hineinzuplatzen, in dem ein Kreis junger Leute namentlich für Sie betet. Bevor man Christ ist, kann man das nicht wirklich schätzen. Wenn man gläubig ist, dann schätzt man es enorm – dass Menschen einen genug lieben, um namentlich für ihn zu beten. Aber zu diesem Zeitpunkt habe ich es gehasst. Wofür halten die sich, dass sie für mich beten? Ich nehme an, die glauben, sie seien besser als ich ... Ich zeigte alle üblichen Reaktionen. Aber wenigstens weiß ich, dass Fürbitte eine wesentliche Rolle dabei gespielt hat, dass ich mich an jenem Freitagabend in jener Woche bekehrt habe. Seither habe ich gelernt, wie viel auf Führbitte zurückzuführen ist. Und ich kann Ihnen sagen, dass ich ganz genau weiß, wie viel mehr ich in meinem Dienst der Fürbitte anderer zu verdanken habe als meinen eigenen Aktivitäten. Ich könnte in meinem Dienst nicht so durchhalten, wenn ich nicht von Menschen wüsste, die mich namentlich im Verborgenen vor den Herrn bringen. Ich könnte ohne diese Unterstützung nicht weiter predigen und lehren.

Für andere beten

Die Wirkungsweise der Fürbitte ist für mich ein Mysterium. Es gibt Leute, die versucht haben, dieses Phänomen mit einem psychologischen Ansatz zu erklären: Sie betrachten es beispielsweise als eine raffinierte Form von Autosuggestion, wenn man für sich selbst betet. Ich kann mich noch daran erinnern, wie ein Psychologiedozent einmal sagte, Gebet für andere ließe sich als eine Form von Telepathie und Gedankenübertragung von einer Person zur anderen erklären. Ich befürchte, das hat mich überhaupt nicht überzeugt. Es ist der Versuch, eine natürliche Erklärung für die Kraft des Fürbittegebets zu finden. Aber die Dinge, die passieren, wenn man für andere betet, können nicht anders erklärt werden als mit dem Übernatürlichen.

Ich denke dabei an zwei Missionarinnen in China in der Zeit, bevor die Kommunisten die Herrschaft übernahmen. Sie mussten in die Stadt gehen, um eine größere Geldsumme bei der Bank abzuheben und sie zurück zu ihrem Krankenhaus in den Bergen bringen, wo sie als Missionarinnen tätig waren, um damit die Krankenhausmitarbeiter zu bezahlen. Aus verschiedenen Gründen verspäteten sie sich. Sie hatten erst die Hälfte des Weges zurückgelegt, als es dunkel wurde. Also mussten sie die Nacht in den Bergen verbringen, in einer Gegend, die öfters von Räuberbanden heimgesucht wurde. Sie legten sich schlafen und befahlen sich in die Hände des Herrn. Am Morgen wachten sie auf, kehrten zum Krankenhaus zurück und bezahlten die Mitarbeiter. Sie hatten mit dem Geldsack zwischen sich geschlafen – einer beträchtlichen Summe. Einige Wochen später wurde ein berüchtigter Bandenführer aus ihrer Gegend angeschossen und in ihr Krankenhaus eingeliefert. Sie konnten ihm das Leben retten und er sprach schließlich die beiden Missionarinnen an: „Ich bin Ihnen vor ein paar Wochen schon einmal begegnet. Sie schliefen draußen mit einem Geldsack zwischen sich, nicht wahr?"

„Das stimmt."

„Wir wollten das Geld stehlen, aber wir konnten es Ihnen nicht abnehmen."

Da fragten die Missionarinnen: „Aber warum denn nicht?"
„Tja", sagte er, „da waren doch Soldaten."
„Was für Soldaten denn?"
„Die Soldaten bei Ihnen. Es waren 27, wir haben sie gezählt."
Die beiden Frauen kehrten einige Monate später auf Heimaturlaub zu ihrer kleinen Gemeinde in London zurück und erzählten diese Geschichte. Der Gemeindesekretär, der ein akribischer Mann war und regelmäßig verzeichnete, wie viele Personen bei den Zusammenkünften anwesend waren, fragte die beiden: „An welchem Tag war das passiert?" Sie nannten das Datum.

Er blätterte in seinem Tagebuch und sagte: „An diesem Tag hatten wir bei unserem Gemeindegebetsabend eine besondere Last für euch. 27 Gemeindeglieder waren bei diesem Gebetsabend anwesend und wir beteten für euren Schutz."

Nun können Sie ja versuchen, mir eine natürliche Erklärung dafür zu geben, aber die Wahrheit ist, dass mehr durch Gebet geschieht, als die Welt sich träumen lassen würde.

Gott hat es so gefügt, dass jemand gebraucht wird, der seine Hand einem anderen in Not entgegenstreckt und dann Kraft zwischen Himmel und Erde fließt. Manchmal kommt diese Verbindung durch Ihre Hände zustande. Viele berichten, dass sie, wenn sie im Gebet jemandem ihre Hände aufgelegt haben, die Kraft Gottes wie ein Kribbeln in ihren Armen spüren konnten, als die Verbindung geschlossen wurde. Fürbitte kostet uns etwas, aber als Antwort darauf sendet Gott eine Kraft, die zu der Person hinfließt, die Hilfe benötigt.

Ich glaube, dass auch Engel dabei häufig anwesend sind. Lesen Sie im Buch Daniel. Engel fliegen herum und können auch das schnellste Flugzeug stehend verlassen! In Daniel 9 kommt ein Engel aus den höchsten Himmelssphären in Daniels Kammer noch bevor dieser sein Gebet beenden konnte, was höchstens zwei Minuten gedauert haben muss – das nenne ich Hochgeschwindigkeit! Gott hat seine Boten.

Wenn wir für andere beten wollen, sollten wir vier Fragen

klären. Erstens: Warum beten wir für andere? Wir sollten unsere Motive prüfen. Zweitens: Für wen sollen wir beten? Es passiert leicht, dass wir uns zu viel aufbürden und ich möchte Ihnen ein wenig Anleitung geben, wie Sie Ihren innerlichen Kompass ausrichten können. Drittens: Wofür sollen wir beten, wenn wir für jemanden beten? Und viertens: Wie sollen wir für andere beten?

Erstens: Warum beten wir für andere? Das menschliche Herz ist von Grund auf verdorben, sagt die Bibel, und falsch noch dazu. Das Problem ist, dass unsere Motive so durcheinandergeraten, dass wir nicht wirklich wissen, warum wir für eine bestimmte Person beten. Die größte Schwierigkeit beim Beten für andere ist, das eigene Ego rauszuhalten und dafür zu sorgen, dass nicht Eigeninteressen unser Gebet für andere einfärben. Ich befürchte, wenn wir nicht gut aufpassen, dann neigen wir dazu, für diejenigen zu beten, bei denen unsere eigenen Interessen in irgendeiner Weise eine Rolle spielen. Warum sollten wir für unsere Nation mehr beten als für andere Nationen? Wir müssen aufpassen, dass wir nicht darum für unser eigenes Land mehr beten als für andere, weil unser Lebensstil bedroht ist, wenn es unserem Land schlecht geht. Eigeninteressen können unsere Fürbitte auf meine Familie, meine Kirche, meine Nation beschränken – möge es ihnen allen gut gehen, damit ich glücklich bin und meine kleine Welt genau so ist, wie ich sie mir vorstelle. Auch Selbstgerechtigkeit kann sich auf seltsamen Wegen in unsere Gebete für andere einschleichen. Haben Sie gemerkt, dass ich vom Beten für andere spreche? Ich möchte Sie davor warnen, an andere hin zu beten. Verstehen Sie, was ich damit meine? Es ist so einfach, anderen in unseren Gebeten zu predigen. Erinnern Sie sich an den Pharisäer im Tempel? Das „Ich" in seinem Gebet ist ganz großgeschrieben. Es kommt fünf Mal vor. *„Ich danke dir, dass ich nicht bin wie die anderen; ich faste zweimal in der Woche; ich gebe den Zehnten von allem, was ich besitze."* Dann schaute er über seine Schulter auf den Mann in der letzten Reihe und sagte: *„Ich danke dir, dass ich nicht bin wie andere, oder gar wie dieser Zöllner."* Haben

Sie schon einmal solch ein Gebet erlebt? „Herr, erwecke sie alle, damit sie sich genauso auf den Gebetskreis freuen wie ich heute Morgen." Unterscheidet sich dieses Gebet in irgendeiner Form von der Selbstgerechtigkeit des Pharisäers? „Ich danke dir, dass ich nicht bin wie die anderen, lasse sie so werden, wie ich bin, dann werden wir eine tolle Gemeinde haben." Nein, Eigeninteresse, Selbstgerechtigkeit und natürlich unser eigenes Ego können in unsere Gebete mit hineinspielen.

Ich möchte Ihnen noch ein weiteres eindrückliches Beispiel geben. Vielleicht sind Sie mit einem Nichtchristen verheiratet. Das ist ein ungleiches Joch – es reibt und scheuert. Also gehen Sie auf die Knie und sagen: „Herr, lass meinen Mann Christ werden."; „Herr, mach meine Frau zu einer Christin." Warum beten Sie dafür? Damit Sie Gemeinschaft haben können? Damit Sie glücklich werden? Damit Sie ein christliches Heim haben können? Ich möchte Ihnen folgenden Vorschlag machen: Wenn Sie mit einem Nichtchristen verheiratet sind, dann ist das Beste, was Sie tun können, zuerst für sich selbst zu beten. Danken Sie dem Herrn für Ihren Partner und beten Sie für sich selbst. Danken Sie dem Herrn für jede gute Eigenschaft, die Ihr Partner hat und beten Sie, dass Sie eine noch bessere Ehefrau oder ein noch besserer Ehemann werden und warten Sie ab, was als Nächstes passiert. Aber wir könnten auch einfach darum beten, dass unser Partner errettet wird, um Erleichterung von diesem Wundscheuern im Gebet zu erfahren.

Ich habe mal einen Prediger sagen hören: „Beten Sie sechs Monate lang für einen Mann und dann ist er dran." Ich glaube das nicht. Ich glaube nicht, dass Gebet für andere sie manipulieren kann. Ich denke nicht, dass das die Kraft des Gebets ist. Sie können einen anderen Menschen nicht zum Christen machen, nicht einmal durch Gebet. Gott respektiert die Freiheit des Einzelnen. Ich glaube, dass das Gebet für einen anderen Menschen keine Situation herbeizwingen kann, sondern nur das bekräftigt, was Gott in dieser Situation tut. Es ist keine Möglichkeit, um

Menschen zu manipulieren und sie so zu verändern, wie wir sie haben wollen, sondern es ist eine Bekräftigung, sodass jede Reaktion dieser Menschen auf Gottes Kraft durch Ihr Gebet unterstützt wird. Auf diese Weise manipulieren wir niemanden, sondern lieben den anderen und helfen ihm. Erinnern Sie sich daran, dass Jesus immer wieder Menschen eingeladen hat, sie aber auch gehen lassen musste, weil sie ihn nicht annehmen wollten, als sie die Möglichkeit dazu bekamen.

Wann immer wir also für einen anderen beten, sollten wir uns fragen, warum wir es tun. Bete ich in irgendeiner Form aus Eigeninteresse? Bete ich zum Beispiel, dass etwas aus meinem Sohn oder aus meiner Tochter wird, weil ich es nicht geworden bin, und projiziere ich damit meine Ambitionen auf sie? Es gibt Eltern, die haben sich so sehr gewünscht, aufs Missionsfeld zu gehen oder einen Dienst ins Leben zu rufen, dass sie jeden Tag dafür gebetet haben, dass ihre Kinder Missionare werden. Können diese Eltern sicher sein, dass sie nicht ihre eigenen enttäuschten Ambitionen auf ihre Kinder projizieren? Es gibt nur zwei Motive, die adäquat sind, um für andere Menschen zu beten: zur Ehre Gottes und zum Besten der Personen, für die wir beten.

Bei Paulus können wir lesen: *„Denn ich selbst, ich habe gewünscht, verflucht zu sein von Christus weg für meine Brüder"* – was bedeutet, dass er beim Beten wirklich keinerlei Eigeninteressen verfolgte. Wir müssen für andere also ganz selbstlos beten. Tatsächlich hat auch Jesus uns geboten, für Menschen zu beten und denen zu helfen, die uns nichts zurückgeben können. Ich schlage vor, dass Sie Ihre Gebetsliste durchgehen und sich fragen, welche Personen darunter sind, von denen Sie in keiner Form etwas zu erwarten haben, sondern denen Sie durch Ihr Gebet ausschließlich etwas geben können. Jesus lehrte, dass wir mit dieser Haltung auch unser Haus öffnen sollen. Sie könnten zum Beispiel am Sonntag zum Mittagessen jemanden einladen, der nicht in einem Vierteljahr eine Gegeneinladung aussprechen kann. Auf dieselbe Weise sollten Sie für Menschen beten, von denen Sie nichts zurückerwarten können, und somit sicher gehen, dass Ihre Fürbitte zur Ehre Gottes geschieht und den Menschen zum Guten dient.

Das war also der erste Punkt: warum wir beten; unsere Motivation prüfen. Natürlich bedeutet das alles nicht, dass wir nicht auch für unsere eigene Familie oder Gemeinde beten sollten.

Der zweite Punkt, für den ich Sie sensibilisieren möchte, ist, für wen wir beten. Es gibt zwei Gruppen von Menschen, für die Beten nichts bringt. Erstens nützt es überhaupt nichts, für diejenigen zu beten, die gestorben sind. Obwohl wir uns an sie erinnern und mit liebevollen Gedanken an sie denken können, dürfen wir sie in Gottes Händen lassen. Es nützt nichts, für die Verstorbenen zu beten. Diese Praxis stammt aus heidnischen Religionen und hat sich in den christlichen Glauben eingeschlichen. Manche Christen meinen immer noch, dass sie das tun können. Aber meine Ansicht, warum die entscheidende Periode einer menschlichen Existenz zwischen Wiege und Grab liegt, basiert auf den Aussagen der Schrift. Wir werden aufgrund der Dinge beurteilt, die wir im Fleisch getan haben, und in dem Augenblick, in dem wir sterben, entsteht eine tiefe Kluft. Die Bibel spricht hier eine deutliche Sprache: Gebete der Toten für uns und unsere Gebete für die Toten werden von Gottes heiligem Wort ausgeschlossen, sodass wir hier eine Gruppe haben, für die wir nicht beten sollen. Es gibt aber noch eine andere kleine Gruppe, für die wir gemäß des Neuen Testaments nicht beten sollen, und diese Gruppe sind „Christen", die Apostasie begangen haben, die also Jesus den Rücken gekehrt und ihn geleugnet haben, sodass sie das, was in 1. Johannes 5,16 als Sünde zum Tod bezeichnet wird, begangen haben. Johannes, der geliebte Apostel, der so viel Liebe in seinem Herzen hatte, sagt von ihnen: *„Ich sage nicht, dass ihr für die beten sollt, die eine solche Sünde begehen"* (Neues Leben). Es kommt ein Punkt, an dem Christen sich zu weit von Christus entfernt haben, als dass man noch für sie beten könnte. Ansonsten können Sie für jeden beten.

Für andere beten

Es gibt allerdings einige besondere Gruppen, für die wir nach Aussage der Schrift beten sollen, und ich möchte Sie bitten zu überprüfen, ob diese sich auf Ihrer Gebetsliste befinden.

Erstens Ihre Feinde. Der beste Weg, einen Feind loszuwerden, ist, ihn zum Freund zu machen, und der beste Weg, ihn zum Freund zu machen, ist, für ihn zu beten. Darum sollten sich auf Ihrer Gebetsliste regelmäßig jene befinden, von denen Sie nicht gemocht werden, oder die Sie nicht mögen, oder beides – oft beruht es auf Gegenseitigkeit. Beten Sie regelmäßig für diejenigen, die Sie ausnutzen wollen? Jesus lehrte es, die Apostel praktizierten es. Als Jesus am Kreuz starb, schaute er auf die Soldaten hinunter, die zu seinen Füßen um seine Kleider würfelten und sagte: „Vater, vergib ihnen", und er betete für sie. Als Stephanus zu Tode gesteinigt wurde und die Steinbrocken auf seinen Kopf niederprasselten und seine Haut aufplatzte und sein Blut zu fließen begann, sagte er: „Vater, vergib ihnen." Beten Sie für Ihre Feinde.

Ich weiß von einem jungen Mann, der in die Armee eintrat. Er kam in seine Baracke, kniete am ersten Abend neben seinem Bett nieder und sprach seine Gebete, als der Feldwebel auf der anderen Seite des Raumes einen Stiefel aufhob und ihn mit aller Kraft auf diesen Mann schleuderte. Sein Ohr platzte auf und er hatte große Schmerzen, aber er betete trotzdem weiter. Der Feldwebel hob auch noch den anderen Stiefel auf und warf ihn auf den Rekruten. Wieder verletzte er den jungen Mann, der aber betete weiter für den Feldwebel. Am Morgen, als der Feldwebel aufwachte, standen seine Stiefel wieder an seinem Bett, frisch poliert für den Tag, und der Feldwebel sagte sich: „Ich muss herausfinden, warum ein Mann so etwas tut." Er wurde Christ. Sind Sie sicher, dass Sie für Ihre Feinde beten? Vielleicht ist es dieser schwierige Mensch an Ihrem Arbeitsplatz, vielleicht ein Elternteil, das Sie nicht zu verstehen scheint, oder ein Kind, das Ihnen gegenüber voller Rebellion ist. Beten Sie für Ihre Feinde?

Die zweite Gruppe, die gemäß der Heiligen Schrift auf unserer

Gebetsliste stehen sollte, sind die Arbeiter im Herrn. In der Bibel werden wir dazu aufgefordert, um Arbeiter für die Ernte zu beten. Also bitten Sie den Herrn, dass er Ihnen einen Namen aufs Herz legt, sodass Sie in der Gemeinde auf diese Person zugehen und ihr sagen können: „Hast du schon einmal darüber nachgedacht, nach Übersee zu gehen?" oder „Hast du schon einmal daran gedacht, in den vollzeitlichen Dienst zu gehen?" oder „Kannst du dir vorstellen, Evangelist zu werden?" Wäre es nicht toll, wenn so etwas passieren würde? Genau so bin ich auf die Kanzel gekommen. Ein bekehrter Buchmacher lud mich eines Tages zum Tee ein und fuhr mit mir an einen kleinen Ort namens Spennymoor im Bezirk Durham, dessen klimatische Bedingungen nicht gerade zuträglich waren. Er nahm mich zu einem Sonntagabendgottesdienst mit, und ich ging davon aus, dass er den Gottesdienst leiten würde. Auf dem Weg dorthin fragte ich ihn: „Worüber willst du eigentlich predigen?" Er antwortete: „Nicht ich, sondern du wirst predigen!" Das war meine Einführung. Er hatte um Arbeiter für den Herrn gebetet, und der Herr hatte seine Hand auf mich gelegt. So schaffte es der bekehrte Buchmacher, den Sohn eines Professors so weit zu bringen, dass er ihm sagen konnte: „Du wirst gleich predigen!"

Wenn Arbeiter im Dienst des Herrn stehen, brauchen sie Gebet. Sie befinden sich an einer exponierten Stelle, sie stehen an der Front, sie brauchen Gebet, und die Bibel sagt uns, dass wir für sie beten sollen – nicht für Sicherheit oder Wohlergehen, sondern für Unerschrockenheit und dass der Herr eine Tür für sein Werk öffnet. Haben Sie je bemerkt, wie oft Paulus bittet: „Betet für uns!",

„Betet für mich!" Und wenn er im Gefängnis saß, wollte er nicht, dass man für seine Freilassung oder Sicherheit betete, sondern er sagte: „Betet, dass ich mutig bin." – Betet, dass das Wort Gottes nicht unterbunden wird, betet, dass die Türen für das Evangelium offenstehen. Halten Sie den Arbeitern im Herrn den Rücken frei, indem Sie für sie beten?

Drittens gibt es eine weitere Gruppe, die wir regelmäßig in unsere Gebetsliste miteinschließen sollen: Politiker. Sie bekommen eine Menge Spott, Sarkasmus und Kritik ab. Sie brauchen eine Menge Gebet. Setzen Sie das Bundestagsmitglied Ihres Wahlkreises auf die Gebetsliste. Wir sollen heilige Hände für jene aufheben, die in Autorität gestellt sind, weil das Evangelium bestimmte politische Voraussetzungen benötigt, damit es frei verkündigt werden kann. Wir sollen beten, dass wir eine friedliche Gesellschaft haben, in der das Evangelium frei verkündigt werden kann. Beten Sie für Politiker?

Eine vierte Gruppe, die unsere Gebete in besonderem Maße braucht, sind die körperlich Kranken. Gebet ist eine mächtige Waffe im Krankenzimmer oder auf einer Krankenstation im Hospital.

Ich habe Ihnen ein paar Gruppen genannt, möchte Sie aber noch warnen: Es kann ein richtiger Sumpf werden, wenn die Liste zu lang wird. Ich denke nicht, dass es möglich ist, für zu viele Personen auf einmal zu beten, es sei denn Ihnen wurde eine besondere Befähigung zum Fürbittedienst geschenkt. Ich möchte sogar so weit gehen zu sagen, dass vier bis fünf Personen pro Gebet völlig ausreichen. Lieber kommen Sie später wieder und beten noch einmal, als Gott eine ellenlange Namensliste vorzulegen, oder die eigene „Einkaufsliste", denn wenn man wirklich für jemanden betet, dann kostet das auch Kraft und ist harte Arbeit. Sie fühlen sich nach einer Gebetsgemeinschaft vielleicht sogar richtig erschöpft, wenn Sie die Lasten anderer im Gebet getragen haben. Für wen sollen wir beten? Am besten lassen wir den Herrn entscheiden, für wen wir beten sollen. Wenn Sie denken, Sie sollten für jemanden beten, dann bringen Sie diesen Namen vor den Herrn und sagen Sie: „Herr, zeige mir, ob ich diese Person auf meine Liste setzen soll oder nicht." Seien Sie vorsichtig damit, schnell zu versprechen: „Ich werde für dich beten." Merken Sie sich, dass Gott Sie beim Wort nehmen und sagen wird: „Du hast gegen den Herrn gesündigt, weil du aufgehört hast zu bitten." Ich denke, es ist besser, einfach ehrlich zu sein, wenn jemand fragt: „Würdest du für mich beten?" Wenn Sie nicht wirklich eine klare Bestätigung in diesem Moment haben, dass Sie das tun sollen. Sagen Sie: „Ich werde den Herrn fragen, und wenn er mich im Gebet an dich erinnert, werde ich für dich beten." Dann machen Sie keine leeren Versprechungen. Christen sagen viel zu leicht: „Ich werde für dich beten." Lassen Sie den Herrn die Liste schreiben und dann wird er eine Liste anlegen, mit der Sie zurechtkommen werden. Wenn Sie für eine Situation beten, würde ich Ihnen raten, nicht für jede einzelne betroffene Person zu beten. Fragen sie den Herrn, wer die Schlüsselperson in jener Situation ist, und konzentrieren sie sich im Gebet auf diese Person. Erinnern Sie sich daran, dass der Herr die Welt so geliebt hat, dass er seinen einzigen Sohn gab, aber als Jesus betete, sagte er: *„Nicht für die Welt bitte ich, sondern für die, welche du mir gegeben hast."* Sie waren die Schlüsselpersonen in dieser Situation. Ich weiß nicht, wie groß die Weltbevölkerung damals war – sie war jedenfalls ein ganzes Stück kleiner als heute – aber man kann nicht für die ganze Welt beten, es sind 7 Milliarden Menschen! Sie können also beten: „Herr, wer sind die Schlüsselpersonen in dieser Situation? Welche sind die wichtigsten Personen in dieser Situation? Wer kann diese Situation durch sein Handeln aufschließen? Darauf will ich mein Gebet konzentrieren." Wenn Sie nicht für das ganze Kabinett beten können, dann beten Sie für den Regierungschef. Wenn Sie nicht für die ganze Gemeinde beten können, dann beten Sie für den Pastor. Konzentrieren Sie Ihre Gebete auf die Schlüsselperson in dieser Situation. Das hat Jesus auch getan.

Drittens wollen wir noch einmal bedenken, wofür wir beten. Was Leute wollen und was sie brauchen sind zweierlei Paar Stiefel und es ist schon schwierig genug, bei sich selbst zu unterscheiden, was man will und was man eigentlich braucht. Es ist aber noch viel schwieriger zu erkennen, was eine andere Person braucht. Sie wissen, dass eine Not vorhanden ist, aber Sie beten manchmal für die Symptome statt für die Ursache. Eine Person ist völlig erschöpft. Dann könnten Sie beten: „Herr, erfrische Sie und lass Sie weniger müde sein", oder Sie könnten beten: „Herr, offenbare mir, warum sie so müde ist". Dann bete ich, dass die Ursache dafür beseitigt wird. Sehen Sie den Unterschied? Sie werden feststellen, dass Sie plötzlich für etwas ganz anderes beten, wenn Sie auf diese Weise nachfragen. Vielleicht erfahren Sie von jemandem, dass er schwer erkrankt ist. Am liebsten würden Sie sofort für den Wunsch dieser Person beten, wieder gesund zu werden und sagen: „Herr, heile diese Person." Aber wenn Sie kurz innehalten und nachdenken, dann beten Sie vielleicht stattdessen: „Herr, nimm diese Person bald zu dir." Als Reaktion auf eine Dürre in Ihrem Land würden Sie sofort instinktiv beten wollen: „Herr, sende uns Regen!" Aber wenn Sie ein Elia sind, könnten Sie auch so geführt werden, dass Sie beten: „Herr, lass diese Dürre in unserem Land drei Jahre andauern und bringe uns zur Vernunft. Hilf uns, daran zu denken, dass Regen eine Gabe ist, die von dir kommt." Sehen Sie den Unterschied?

Es ist also genauso wichtig, *was* wir beten, wie *für wen* wir beten. Das Prinzip ist ganz einfach: Wenn wir für jemanden beten, sollen wir nach dem fragen, was für diese Person das Beste ist. Es geht nicht darum, was gut für sie wäre, sondern was das Beste wäre. Und um das Beste zu bekommen, werden Sie vielleicht plötzlich für etwas beten, was dieser Person vielleicht sogar zunächst Leid und Schmerzen zufügt.

Ich habe schon einmal von der Kanzel herab gebetet: Wenn jemand in der Gemeinde ist, der noch nicht zu Jesus Christus gehört, dann möge Gott dieser Person so lange keine Ruhe mehr lassen, bis sie zu ihm kommt. Es ist schon ein wenig seltsam zu beten, Gott möge diese Person keine Ruhe finden lassen, aber ich bete zu ihrem Besten. Wenn ich nur beten würde: „Herr, gib ihr Gesundheit, Wohlstand und Glück", dann wäre es tragisch, wenn ihr dadurch das Beste vorenthalten bliebe und sie nie spüren würde, dass sie einen Erlöser braucht. Wenn ich also dafür beten möchte, dass im Leben einer Person das Beste geschieht, dann bete ich vielleicht ganz anders. Ich tue vielleicht dasselbe wie der Vater im Gleichnis vom verlorenen Sohn und lasse den Sohn ziehen.

Ich kann sogar beten – und das ist das schrecklichste Gebet, das eine Gemeinde jemals beten kann, aber wenn man das Beste für einen Menschen will, kann man sogar auf diese Weise beten – dass Satan den Leib eines Christen bekommt, damit sein Geist errettet wird. Mit diesem Gebet übergibt man einen Menschen an Satan. Satan mag auf diese Weise vielleicht den Leib eines Menschen bekommen, ihn krank machen und sogar töten, aber dadurch kommt der Geist dieses Menschen zu Gott zurück. Wenn man so betet, muss man wirklich das Beste für einen Menschen wollen – es ist ein schwieriges Gebet.

Woher wissen wir, was wir beten sollen? Nun, der Heilige Geist will uns dabei helfen, und dafür stehen uns die Gabe der Erkenntnis und die Gabe der Unterscheidung zur Verfügung. Während Sie wirklich herauszufinden versuchen, wie Sie für eine Person beten sollen, merken Sie plötzlich, dass das, was Sie ursprünglich für nötig hielten, gar nicht das Beste für diesen Menschen wäre.

Warum straft ein guter Vater sein Kind? Weil er das Beste für sein Kind will – es geht ihm nicht um das momentane Wohlbefinden, sondern um das, was das Beste für sein Kind ist. Manchmal muss man auch seine Vorstellungskraft walten lassen und sich in die Situation dieser Person hineinversetzen und fragen: Wenn ich in dieser Situation wäre, was wäre für mich das Beste? Nun komme ich zur vierten und letzten Sache: Wie kann unsere Fürbitte für andere effektiv werden? Auch hier möchte ich ein Wort der Warnung vorausschicken. Denken Sie beim Beten nicht quantitativ, sondern qualitativ. Quantitativ zu denken, bedeutet: „Je länger ich für diese Person bete, desto effektiver ist mein Gebet", aber Jesus sagte: *„Meint nicht, ihr werdet erhört, wenn ihr viele Worte macht."* Es ist nicht wahr, dass unsere Fürbitte effektiver ist, je länger wir beten. Aber wenn wir qualitativ denken, werden wir wissen, dass unsere Fürbitte effektiver ist, je tiefer wir beten. Eine Person kann in zwei Minuten mit mehr Tiefgang beten als eine andere Person, die zehn Minuten für die Not eines anderen betet. Genauso bedeutet quantitativ zu denken: „Also, je mehr Leute ich dazu bewegen kann, dafür zu beten, desto besser. Wenn ich doch nur 100 oder 200 Menschen oder sogar 10.000 Gebetspartner für diese Evangelisationswoche gewinnen könnte ... Irgendwie muss Gott auf 10.000 Menschen doch mehr hören als auf einen oder zwei."

Jesus versprach aber, dass zwei oder drei seine ganze Aufmerksamkeit bekommen würden! Er sagte nie, dass er mehr zuhören würde, wenn es 100 oder 200 sind. Weil wir quantitativ denken, meinen wir, dass Gott uns eher erhört, je mehr Namen auf unserer Petition stehen. Aber ich habe ja schon einmal gesagt, dass Gott nur nach einem Namen auf der Petition Ausschau hält. Wenn dieser Name draufsteht, dann gewährt er die Bitte – und das ist der Name Jesu. Wir sollten also nicht quantitativ denken und meinen, je mehr Namen auf der Petition stünden, desto eher würde Gott auf uns hören.

Andersherum gilt, je mehr Menschen Sie dazu bewegen können, mit Tiefgang zu beten, desto besser. Da ich qualitativ denke und nicht quantitativ, wäre es mir lieber, wenn nur zehn Personen für mich mit Tiefgang beten als 100 Gebetspartner zu haben, die mich nur kurz im Gebet erwähnen.

Was meine ich mit Tiefgang? Ich meine eine Art zu beten, die den Betenden etwas kostet. Die Effizienz Ihres Gebets für andere steht in direktem Verhältnis zu dem Preis, den Sie bezahlen. Ich glaube, dass das der Grund ist, warum Jesus zu seinen Jüngern sagte, als er vom Berg herabkam und sie unfähig vorfand, einem bedürftigen Kind zu helfen: *„Diese Art kann durch nichts ausfahren als nur durch Gebet und Fasten."* Anders ausgedrückt haben sie die Kosten unterschätzt; es hat sie nichts gekostet, für diesen Jungen zu beten. Das ist auch die Stellung, die Fasten im

Gebet einnimmt: Es kostet Sie etwas – es kostet Sie eine Mahlzeit. Den einzigen Wert, den es hat, wenn man viel Zeit im Gebet für einen anderen verbringt, ist, dass es Zeit kostet, und Zeit ist heutzutage etwas Kostbares.

Was hat Sie Ihr Gebet gekostet? Der höchste Preis ist dieser: Als eine Frau die Quasten an Jesu Gewand berührte, wurde sie geheilt. Gutes ging von ihm aus, und wenn Sie wirklich für jemanden gebetet haben, dann sind auch von Ihnen bestimmte Ressourcen zu der anderen Person hingeflossen. Kraft ist von Gott ausgegangen, und Gutes ist von Ihnen geflossen, und beides hat sich in der bedürftigen Person vereint. Wenn Sie wirklich für jemanden gebetet haben, dann sollten Sie sich „erschöpft" fühlen und Sie werden dann für sich selbst beten müssen, dass Gott Ihre Vorräte wieder auffüllt, die sich erschöpft haben. Was kostet es Sie? Wie beten Sie?

Es gibt zwei Arten der Fürbitte für andere: in ihrer Abwesenheit oder in ihrer Anwesenheit. Ich möchte ein wenig darauf eingehen, wie effektiv Gebete sind, die mit körperlichem Kontakt verbunden sind. Natürlich muss dabei der gesunde Menschenverstand regieren: Ihr jungen Männer, stürzt euch nicht gleich darauf, den jungen Damen die Hände aufzulegen, wir wollen an dieser Stelle praktisch denken! Aber eine körperliche Berührung kann eine ungeheure Bekräftigung unserer Gebete sein. Wenn Sie für jemanden beten, der schwach oder krank ist, dann halten Sie beim Beten einfach die Hand dieser Person, und wenn Sie für diese Person beten, wird Gott den körperlichen Kontakt gebrauchen. Er hat das Körperliche genauso geschaffen wie das Geistliche, und Handauflegung ist effektiv. Es ist kein symbolischer Akt, sondern Realität. Kraft fließt durch Ihre Hände, und darum ist Handauflegung eine besonders eindrückliche und ausdrucksstarke Form des Gebets. Sie wird in der Schrift gebraucht, um für die Kranken zu beten; sie wird in der Schrift gebraucht, um für die Erfüllung mit dem Heiligen Geist zu beten; sie wird in der Schrift gebraucht, um für einen Arbeiter des Herrn zu beten, der

Für andere beten

eine neue Aufgabe übernimmt, damit er dazu ausgerüstet wird. Wenn Sie also für jemanden beten, der anwesend ist und es Ihnen angemessen erscheint, dann gebrauchen Sie Ihre Hände und legen Sie diese dem anderen auf; legen Sie Ihre Hand oder Ihren Arm um die Schulter des anderen, und Gott gebraucht diesen körperlichen Kontakt, um seine Kraft freizusetzen. Auf diese Weise wird das Gebet bekräftigt.

Einer meiner Ältesten engagierte sich tagsüber in einem wundervollen Dienst. Als Tutor beantwortete er Fragen, die ihn aus aller Herren Länder zu einem ganz einfachen Bibelseminar erreichten, das über ein christliches Magazin angeboten wurde. Dieses Magazin lud junge Christen oder Interessenten aus anderen Ländern zu einem Korrespondenzkurs ein. Er zeigte mir den Schriftverkehr mit einem dreizehnjährigen jungen Afrikaner. (Es war herrlich, denn es war so viel unbewusster Humor darin. Er schrieb zum Beispiel: „Bitte schicken Sie mir eine Bibel, aber weil Bibeln oft aus den Päckchen herausgenommen werden, schreiben Sie bitte hinten drauf: Wer diese Bibel unrechtmäßig an sich nimmt, wird getötet!") Dieser dreizehnjährige Teenager wollte ganz unbedarft einfach Gottes Wort besser verstehen. Ich entdeckte eine seiner Antworten, die zeigte, wie wichtig es ist, eine Frage richtig zu formulieren. Die Frage war recht locker formuliert und er hatte sie offensichtlich nicht richtig verstanden. Die Frage lautete: „Warum erhört Gott viele Gebete nicht?" Und der Junge hatte folgende Antwort gegeben: „Weil er müde werden würde!" Gott wird beim Zuhören nicht müde, aber wenn wir wirklich für jemanden beten, dann werden wir ermüden, wenn unser Gebet echt ist. Aber Gott kann die Ressourcen derjenigen wieder auffüllen, die auf ihn harren – selbst junge Menschen ermüden und ermatten, aber die auf den Herrn harren, heben die Schwingen empor wie die Adler.

Ein letzter Kommentar über das Fürbittegebet: Wenn Sie für jemanden beten, müssen Sie auch darauf vorbereitet sein, dass Gott zu Ihnen sagt: „Genauso wie du für diese Person gebetet hast, sollst du nun auch die Erhörung sein." Immer wieder wird der Herr zu uns sagen, wenn wir für andere beten: „Sei du die Antwort auf dieses Gebet; schreibe einen Brief; besuche diese Person; erweise du ihr einen Dienst."– Und er wird Ihnen manchmal etwas auftragen, von dem sie sagen werden: „Aber Herr, ich könnte das niemals tun, ich habe nicht die Ressourcen dafür."

„Geh hin und lege dieser Person die Hände auf und bete für ihre Genesung."

„Aber das kann ich nicht, Herr!"

Der Herr sagt vielleicht: „Säe dein eigenes Gebet, lass dich auf mich ein, und ich werde dir die Kraft geben, die Antwort auf dieses Gebet zu sein." Wann immer wir für jemanden beten, sollten wir unser Gebet so beenden: „Herr, hier bin ich. Wenn du einen Engel gebrauchen willst, okay, aber wenn du mich gebrauchen willst, dann werde ich da sein und deine Gaben ausliefern. Ich stelle mich dir zur Verfügung." Ich will meinem König zu Diensten stehen.

Gebet

Herr, ich habe gesündigt und habe zu leichtfertig zu anderen gesagt: „Ich werde für dich beten". Drei Wochen später hatte ich es komplett vergessen. Herr, erlöse mich von solch einer oberflächlichen Fürbitte. Herr, gib mir eine Liste, die ich bewältigen kann. Sag mir, für wen ich nicht beten soll, und wo du willst, dass jemand anders Fürbitte tut. Hilf mir, das zu wissen, Herr, und hilf mir, auf eine Weise zu beten, dass Gutes von mir ausgeht und Kraft von dir. Herr, deine Ressourcen sind unbegrenzt, meine sind begrenzt, aber was ich habe, stelle ich dir in dem Wissen zur Verfügung, dass du es wieder auffüllen wirst, wenn es aufgebraucht ist. Danke, dass ich so für andere beten kann, und danke, dass ich immer wieder die Ergebnisse dieser Gebete miterleben darf. Ich will dir die Ehre dafür geben, in Jesu Namen. *Amen.*

Kapitel 8

BETEN OHNE HINDERNISSE

Aus den letzten vier Kapiteln des Buches Hiob wissen wir, dass Hiob monatelang nicht zu Gott durchdringen konnte. Er glaubte, dass er im Recht sei und dass es darum falsch von Gott war, ihn so leiden zu lassen. Bis zum Ende seines Lebens erfuhr Hiob nicht, warum Gott ihn leiden ließ. Wir wissen es, weil Gott die Erklärung dafür an den Anfang des Buches gestellt hat, aber Hiob erfuhr es nie.

Da antwortete der Herr Hiob aus dem Sturm: „Wer ist es, der Gottes weisen Plan mit Worten ohne Verstand verdunkelt? Tritt vor mich hin wie ein Mann! Ich will dir Fragen stellen und du sollst mich belehren.

Da stand Hiob nun, der monatelang Antworten von Gott begehrt und gefordert hatte: „Du musst mir antworten!" und jetzt sagte Gott zu ihm:

Wo warst du, als ich die Grundfesten der Erde legte? Sag es mir, sofern du Bescheid weißt! Weißt du, wer ihre Maße festlegte oder wer das Maßband über ihr ausspannte? Worauf sind ihre Stützpfeiler eingesenkt und wer hat ihren Eckstein gelegt, als die Morgensterne miteinander sangen und alle Engel vor Freude jubelten? Wer hat das Meer mit Toren verschlossen, als es hervorbrach und aus dem Schoß der Erde quoll? Ich bekleidete es mit Wolken und wickelte es in Windeln aus dichtem Nebel, ich steckte seine Küsten ab und versah es mit Tor und Riegel. Ich sagte: ‚Bis hierher darfst du kommen und nicht weiter. Hier sollen sich deine stolzen Wellen brechen!' Hast du jemals in deinem Leben den Morgen herbeigerufen oder der Morgenröte befohlen, sich im

PRAKTISCHE ANLEITUNG ZUM GEBET

Osten zu zeigen, damit ihr Glanz die Enden der Erde erfasst und die Gottlosen verscheucht? Dann tritt die Gestalt der Erde deutlich hervor und alles zeigt sich rot gefärbt. Dieses Licht wird dem Gottlosen entzogen, und sein Arm, den er zum Schlag erhoben hat, wird zerbrochen. Bist du bis zu den Quellen vorgedrungen, aus denen die Meere entspringen? Hast du beim Spazierengehen die Urflut durchquert? Haben sich die Tore des Totenreichs vor dir geöffnet und hast du das Tor des Todesschattens gesehen? Hast du den Überblick über die ganze Weite der Erde? Sag es mir, wenn du dich mit all diesen Dingen auskennst! Wo ist der Weg zur Wohnung des Lichts und an welchem Ort hält sich die Dunkelheit auf? Kannst du sie dorthin bringen, wo sie gebraucht werden, und sie dann wieder nach Hause begleiten? Natürlich, du weißt es! Denn damals warst du ja schon geboren und deine Lebenstage sind nicht zu zählen!

Dann sprach der Herr zu Hiob: „Will der Tadler mit dem Allmächtigen streiten? Der Mann, der Gott zurechtweist, soll nun antworten!" Da antwortete Hiob dem Herrn: „Ich bin ein Nichts – wie könnte ich dir etwas erwidern? Ich lege mir die Hand auf den Mund. Ich habe einmal geredet und werde nicht wieder damit anfangen, ein zweites Mal und ich will es nicht mehr tun."

Da antwortete der Herr Hiob aus dem Sturm: „Tritt vor mich hin wie ein Mann! Ich will dir Fragen stellen und du sollst mich belehren! Willst du mir etwa meine Gerechtigkeit absprechen, mich für schuldig erklären, nur damit du Recht behältst? Besitzt du die gleiche Macht wie Gott? Kannst du mit donnernder Stimme reden wie er? Nun, dann schmücke dich mit Hoheit und Pracht, bekleide dich mit Majestät und Herrlichkeit. Lass deinen Zorn hervorbrechen, finde jeden, der stolz ist, und drücke ihn nieder. Siehst du einen Hochmütigen, dann zwing ihn zu Boden, und wirf die Gottlosen an den Ort, wo sie hingehören! Lass sie alle im

Staub versinken, bedecke ihr Gesicht mit dem Leichentuch. Dann würde selbst ich dich loben, weil du mit deiner rechten Hand den Sieg errungen hast.

Da antwortete Hiob dem Herrn (in Kapitel 42):

„Nun weiß ich, dass du alles kannst, kein Vorhaben ist für dich undurchführbar. ‚Wer ist es, der Gottes weisen Plan ohne Verstand verdunkelt?' Ja, ich habe in Unkenntnis über Dinge geurteilt, die zu wunderbar für mich sind, ohne mir darüber im Klaren zu sein. Du hast gesagt: ‚Hör zu, ich will reden! Ich will dir Fragen stellen, und du sollst sie mir beantworten.' Bisher kannte ich dich nur vom Hörensagen, doch jetzt habe ich dich mit eigenen Augen gesehen. Darum widerrufe ich, was ich gesagt habe, und bereue in Staub und Asche."

So segnete der Herr Hiobs weitere Lebenszeit. (**Kap. 38ff., Neues Leben**)

Wenn Sie von Gott keine Antworten bekommen, dreht er sich vielleicht einfach zu Ihnen um und sagt: „Ich bekomme auch keine Antworten von dir, also hör auf zu streiten, damit ich dich segnen kann."

Ich hatte wirklich ein Problem mit der Überschrift für dieses letzte Kapitel. Zuerst wollte ich es mit „Beten ohne Probleme" überschreiben – aber das klang nicht richtig. Dann dachte ich an „Beten ohne Schwierigkeiten". Keine dieser Überschriften passte richtig, weil ich im Herzen wusste, dass ich Ihnen nicht versprechen kann, dass Sie in dieser Welt ohne Probleme oder ohne Schwierigkeiten beten werden. Das Leben als Christ ist nicht einfach und Jesus hat das auch nie versprochen. Und da Gebet ein essentieller Bestandteil davon ist, wird es manchmal auch hart werden. Es wird Probleme geben und schwierig sein, aus vielen Gründen, die ich schon genannt habe. Nichts, was lohnenswert ist, wird gleichzeitig einfach sein. Wie kommen Sie im Sport an die Spitze? Ist das einfach? Und wenn Sie ganz oben sind, ist es dann leicht, dort zu bleiben? Sehen Sie, es ist hart. Sie müssen hart arbeiten, um an die Spitze zu kommen, und wenn Sie dort angekommen sind, dann können Sie nicht sagen: „So, jetzt habe ich es geschafft. Jetzt kann ich mich zurücklehnen." Sportler und Sportlerinnen müssen immer dranbleiben. Ich denke an Dr. Alan Redpath, der früher im Nordosten Rugby spielte. Er war der Volksheld meiner Heimatstadt. Jeden Morgen ging er hinters Haus, lehnte seine Schulter gegen die Hauswand und drückte eine halbe Stunde lang mit ganzer Kraft dagegen. So kann man sich ins Getümmel stürzen mit Schultern von der Größe, die er besaß. Auch er konnte mit diesem Training nicht aufhören, als er die Spitze erreicht hatte. Also kann ich Ihnen auch kein Kapitel mit der Überschrift „Beten ohne Probleme" oder „Beten ohne Schwierigkeiten" anbieten, denn ich glaube, dass es in dieser Welt immer hart bleiben wird – und zwar nicht nur, bis man die Spitze erreicht hat, sondern auch wenn man dortbleiben will. Im Himmel wird es leicht sein, denn dort werden wir den Herrn sehen wie er ist.

Ich musste mir also eine andere Überschrift ausdenken, nämlich „Beten ohne Hindernisse", denn viele der Schwierigkeiten, die wir beim Beten haben, sind hausgemacht. Es ist eine Tragödie, dass Beten für die meisten von uns schwieriger ist als es sein müsste. Es wird trotzdem weiterhin schwierig bleiben, aber es macht keinen Sinn, wenn wir es uns selbst noch schwerer machen. Oder anders herum gesagt haben Sie die Möglichkeit, die Schwierigkeiten zu reduzieren.

Die meisten Bücher über Gebet, die ich mir angesehen habe, behandeln in einem Kapitel auch „Probleme mit dem Beten", und das kann ganz schön deprimierend sein! Dabei kann es einem gehen wie dem Mann, der sich hinsetzte, zwei Kapitel in dem Buch „Der Familiendoktor" las, und nach seiner Lektüre darauf wartete, dass er jeden Moment sterben würde! Ging es Ihnen auch schon mal so? – Sie haben alle Symptome nachgeschlagen und gedacht: „Ich habe das, und das auch, und das habe ich auch." Und dann würden Sie am liebsten aufgeben? Ich möchte die

Probleme beim Beten eigentlich nicht noch größer machen als sie schon sind, sondern nur über *ein* Hindernis fürs Beten schreiben. Es besteht aus fünf Teilen, aber für mich gibt es eigentlich nur *ein* Problem beim Beten, das allem anderen zugrunde liegt. Alle anderen Schwierigkeiten sind damit in gewisser Hinsicht verbunden, also werde ich nur über dies *eine* Problem schreiben, und das sind die unerhörten Gebete.

Bevor ich weiterschreibe, meine ich, dass ich hier vielleicht den falschen Ausdruck verwendet habe, denn viele Menschen – vor allem Nichtgläubige – assoziieren mit unerhörtem Gebet, dass man für etwas gebetet hat, das man jedoch nicht bekommen hat. Aber das meine ich damit nicht. Für die meisten Christen besteht die Schwierigkeit nicht darin, dass sie nicht bekommen, worum sie gebetet haben, sondern dass sie überhaupt keine Antwort erhalten. Das ist das Problem. Es gibt viele verschiedene Antwortmöglichkeiten auf mein Gebet. Ich mag vielleicht ziemlich überzeugt sein, dass ich etwas will und bitte darum, und die Antwort, die ich von Gott bekomme, lautet: „Nein, du kannst es nicht haben, es ist nicht gut für dich." Oder seine Antwort heißt: „Warte, die Zeit ist noch nicht reif." Aber das ist kein Problem, denn wir haben immerhin eine Antwort bekommen. Ein Problem entsteht dann, wenn der Himmel aus Blei zu sein scheint und wir das Gefühl haben, Gott würde uns überhaupt nicht zuhören und wir würden gar nicht bis zu ihm durchdringen, denn es macht überhaupt keinen Spaß eine Einbahn-Unterhaltung zu haben. Das ist meiner Ansicht nach der Grund, warum wir aufgeben und wodurch wir beim Beten entmutigt werden.

Es macht uns nichts aus, wenn Gott nein sagt und es uns auch mitteilt. Denken Sie an Paulus. Dreimal hat er gebetet: „Herr, kannst du dich um meine körperliche Einschränkung kümmern, ich komme damit nicht klar?! Ich könnte dir viel besser dienen, wenn ich frei wäre. Ich könnte mich viel besser bewegen, darum nimm bitte diesen Dorn aus meinem Fleisch." Dreimal hat er so gebetet. Schließlich hat Gott ihm geantwortet: „Mein Name bekommt mehr Ehre durch deine Schwachheit, denn ich gebe dir Gnade in deiner Schwachheit." Paulus war glücklich – es war kein unbeantwortetes Gebet, er hatte eine Antwort erhalten. Es war zwar nicht die Antwort, die er erhofft hatte, aber sein Gebet war beantwortet worden.

Viele der größten Heiligen haben dieses Problem unbeantworteter Gebete gekannt. Sie haben sich unterschiedlich dazu geäußert. Manchmal sprachen sie von einer „Wüstenerfahrung", eine Zeit großer Trockenheit, die ihnen karg und fruchtlos erschien. Andere haben weniger von Trockenheit gesprochen, sondern eher von Dunkelheit, und viele Heilige haben einen bestimmten Ausdruck in ihren Schriften verwendet – ich denke die Heilige Teresa von Avila hat ihn geprägt – sie sprechen von der „dunklen Nacht der Seele". Dunkelheit, Trockenheit. Andere haben von einem Gefühl des Abgestorbenseins gesprochen – wenn es so scheint, als sei alle Lebendigkeit aus ihrem Gebetsleben verschwunden. Andere haben diesen Zustand als Taubheit beschrieben; sie haben ehrlich zugegeben, dass ihnen das Beten langweilig geworden ist. Aber all diese Klagen sind der Tatsache zuzuschreiben, dass sie keine Antworten bekamen.

Es ist eine Einbahnstraße, also findet überhaupt kein Gespräch statt. Wie lange können Sie eine Unterhaltung aufrechterhalten, wenn Ihr Gegenüber einfach nicht den Mund aufmacht? Sogar unter Menschen ist das schwierig und darum ist es umso entmutigender, wenn wir von Gott keine Antwort bekommen.

Hiob durchlebte diese Erfahrung viele Monate lang, und er versuchte immer wieder zu Gott durchzudringen. Auf jeder Seite jenes Buches lässt sich sein Suchen dokumentieren: antworte mir, neige dein Ohr zu mir, höre mein Gebet, höre mein Rufen.

Auch in den Psalmen taucht dieser Zustand immer wieder auf: Warum verbirgst du dein Angesicht vor mir? Warum hörst du mich nicht? Ich rufe, ich bete. Warum hörst du nicht? Sogar David, der Meister der Psalmen, Gebete und des Lobpreises, machte diese Erfahrung. Ich glaube, dass alle anderen Probleme damit verbunden sind. Wenn es uns so vorkommt, als würde uns niemand zuhören, beginnen auch unsere Gedanken abzuschweifen. Dann fühlt sich unser Beten tot an, dann setzt Entmutigung ein, wir hören auf zu beten, es kommt uns zwecklos vor, wir scheinen ja doch nicht durchzudringen und unsere Gebete scheinen unter der Zimmerdecke hängen zu bleiben. Ich möchte möglichst nah an unserem Erleben sein. Ich schreibe über die ganz grundlegenden Fragen. Ich erkenne, dass ich keine Autorität habe, darüber hinaus etwas zu sagen, aber trotzdem möchte ich einfachen Leuten wie mir helfen, diese Gefühle zu überwinden. Wenn ich Ihnen dabei helfen kann, ist es die ganze Sache wert gewesen.

Es gibt fünf Hauptursachen für dieses Problem und es ist egal, welche davon zutrifft. Nehmen Sie es als Selbstdiagnose-Set. Wenn Ihr Auto plötzlich stehen bleibt und Sie kein Mitglied beim ADAC sind, dann gehen Sie auch bestimmte Punkte durch. Sie denken daran, dass das Benzin ausgegangen sein könnte, dass die Zündung vielleicht nicht funktioniert, usw. Sie überlegen sich die fünf einfachsten Probleme und stoßen dabei schnell auf das eigentliche Problem. Genauso ist es hier. Ich nenne Ihnen fünf einfache Dinge, die Sie sich anschauen sollten. Drei davon beziehen sich auf einen Zusammenbruch der Kommunikation auf Ihrer Seite, auf der Erde, und zwei davon betreffen den Zusammenbruch der Kommunikation auf der himmlischen Ebene. Vielleicht haben Sie die richtige Telefonnummer gewählt und sind durchgekommen, aber trotzdem müssen Sie sagen: „Es tut mir leid, ich kann dich nicht hören, kannst du mich denn hören?" – Und Sie bekommen zur Antwort: „Ja, ich kann dich gut hören." Dann antworten Sie: „Entweder musst du lauter sprechen, oder ich rufe dich noch einmal zurück." Dann arbeiten Sie daran, dass von beiden Seiten her die Verbindung richtig funktioniert. Also müssen auch wir uns fragen: Auf welcher Seite ist die Kommunikation zusammengebrochen? Hier auf der Erde? Dann kann das an drei verschiedenen Dingen liegen. Oder im Himmel? In diesem Fall gibt es zwei Möglichkeiten.

Hier sind die drei Dinge, die auf der Erde für einen Zusammenbruch der Kommunikation sorgen können:
1. Sie sind mit Gott nicht im Reinen.
2. Sie sind mit anderen Menschen nicht im Reinen.
3. Sie sind mit sich selbst nicht im Reinen.

Das sind die drei grundlegenden Ursachen für einen Zusammenbruch auf der irdischen Seite. Sie sprechen vielleicht zwar immer noch irgendwelche Worte und beten noch, aber die eigentliche Kommunikation ist auf Ihrer Seite zusammengebrochen.

Erstens: Wenn Sie mit Gott nicht im Reinen sind. Es gibt zwei Ursachen, wie das passieren kann. Sie sündigen gegen ihn durch die Einstellung, die Sie im Moment haben, oder Sie sündigen gegen ihn durch Ihr Tun. Sie sündigen mit Ihrer Einstellung gegen ihn, indem Ihre Gefühle ihm gegenüber vielleicht eine Blockade darstellen. Damit meine ich Folgendes: Vielleicht hegt jemand einen Groll gegen Gott, diese Art von Stimmung, in der Hiob sich befand. „Gott, ich verdiene es nicht, so zu leiden, du hast dich geirrt, du solltest das nicht zulassen." Hier liegt ein Geist der Verbitterung vor. Und Gott fragt zurück: „Willst du beweisen, dass ich im Unrecht bin, damit du beweisen kannst, dass du im Recht bist? Ist das die richtige Einstellung mir gegenüber?" Hiob hatte nicht durch seine Taten gesündigt, aber mit Sicherheit durch seine Haltung. Gott musste sich damit befassen. Sie können aufgrund dessen, wie sich Ihre Umstände entwickelt haben, Verbitterung gegen Gott aufbauen, und aufhören, Gott noch als einen Vater und Freund zu sehen, sondern ihn eher als Tyrannen empfinden, selbst dann, wenn Sie noch zu ihm beten. Wenn Sie vor Gott treten, sollten Sie das mit folgender Haltung tun: Wenn ein irdischer Vater, der böse ist, seinen Kindern gute Gaben geben kann, wie viel mehr möchte dann die Person, mit der ich hier spreche, mir geben. Bin ich verbittert? Ist Groll gegen ihn in mir? Komme ich mit negativen Gefühlen in seine Gegenwart? Wenn ja, dann ist es kein Wunder, dass unsere Kommunikation zusammengebrochen ist. Gott musste sich mit Hiobs Einstellung befassen und sagen: „Hiob, solltest du so über mich denken? Solltest du zu beweisen versuchen, dass ich im Unrecht bin, damit du im Recht sein kannst? Hast du vergessen, wer du bist?" Hiob sagte, dass es ihm leidtäte und dass er sich dafür entschuldigen wolle, dass er gesprochen hatte, als er gar nicht an der Reihe war.

Darüber hinaus können wir eine Blockade haben, weil wir aufgrund unseres Handelns mit Gott nicht im Reinen sind: weil wir bewusst und absichtlich etwas tun, das er nicht gutheißt. Wir sind nicht im Reinen mit ihm und werden darum folgendermaßen blockiert: Gott hat Sie dazu berufen, mit ihm gegen das Böse in der Welt zu kämpfen, aber der Kampf muss in Ihnen beginnen. Wenn Sie nicht dazu bereit sind, den Kampf in Ihrem eigenen Leben aufzunehmen, dann sieht Gott, dass Sie nicht auf seiner Seite stehen, und er wird nicht auf das hören, was Sie sagen. Wenn wir also an dem festhalten und das pflegen, was Gott ablehnt, dann besteht ein echtes Hindernis und wir können im Gebet nicht durchdringen.

Menschen, die zu mir kommen und sagen „Ich bete und bekomme nie sofort eine Antwort. Wenn ich bete, kommen mir überhaupt keine Gedanken dabei", antworte ich in der Regel: „Darf ich Ihnen ein Gebet vorschlagen, auf das Sie innerhalb von zwei Minuten eine Antwort bekommen werden? Es ist ein Gebet, das Gott liebend gerne beantwortet. Beten Sie: Herr, zeige mir etwas in meinem Leben, das dir nicht gefällt." Wenn Sie also Probleme mit unerhörten Gebeten haben, dann versuchen Sie es mal mit diesem. Sie werden verblüfft sein, wie schnell der Herr antwortet, weil er möchte, dass Sie mit ihm im Reinen sind. Hier haben wir also das erste Hindernis auf irdischer Seite: Ich bin mit Gott nicht im Reinen, entweder aufgrund meiner Einstellung oder aufgrund meines Handelns. Meine falsche Einstellung verdirbt meine Gefühle ihm gegenüber und mein falsches Handeln verdirbt seine Gefühle mir gegenüber – aber so oder so steht etwas zwischen mir und Gott und ich kann nicht zu ihm durchdringen. Die zweite Blockade ist, dass ich nicht im Reinen mit anderen bin. Das ist ein häufiges Hindernis für unser Gebet und unser Durchdringen zu Gott. Ich erinnere mich noch, wie ich einmal einem wunderbaren pakistanischen Bischof zuhörte. Er sagte, dass er einmal daran arbeitete, die Bibel in die tibetische Sprache zu übersetzen. Er erzählte: „Ich begann meine Arbeit mit Vorstudien und betete: Herr, gib mir Gewandtheit in der Sprache, hilf mir, die Bibel ins Tibetische zu übersetzen, eine Sprache, in der die Bibel noch nicht bekannt ist." Er bekam keine Antwort, ein bleierner Himmel schien über ihm zu liegen und er konnte nicht durchdringen. Er bekam keine Inspiration und konnte seine Arbeit nicht fortführen, sondern kämpfte und kämpfte und nach einer Stunde im Kampf fragte er schließlich: „Herr, was ist los?" Und der Herr antwortete: „Warum hast du heute Morgen deine Frau angeschrien, weil ihr das Toastbrot beim Frühstück verbrannt ist?" Ganz simpel. Er sagte, dass er, sobald er in der Küche gewesen war, um die Sache wieder in Ordnung zu bringen, einen Durchbruch erlebte und ihm die Übersetzung plötzlich flüssig von der Hand ging.

Das stimmt voll und ganz mit der Schrift überein. Petrus, ein verheirateter Apostel, schreibt in einem seiner Briefe: „Ihr Ehemänner, wenn ihr eure Frauen nicht gut behandelt, werden eure Gebete verhindert." – Sie werden verhindert, ganz zu schweigen davon, dass sie erhört werden! Das ist ziemlich ernüchternd.

Es gibt zwei Arten, auf die wir mit anderen Menschen nicht im Reinen sein können. Eine ist, dass wir ihnen nicht vergeben haben, was sie uns angetan haben. Die einzige Bedingung im Vaterunser ist diese: Vergib uns unsere Schuld, wie auch wir vergeben unseren Schuldigern – mit anderen Worten muss die Vergebung vollständig sein. Wenn Vergebung fließen soll, dann dürfen Ihre Hände nicht nur an Gott festhalten, sondern Sie müssen auch Ihrem Bruder die Hand reichen. Das Einzige, was

Sie laut Vaterunser tun müssen, ist, denjenigen zu vergeben, die Sie verletzt haben. Das war so wichtig, dass Jesus diesen Aspekt am Ende seiner Lehre über das Gebet noch einmal wiederholte, wobei dieses Gebet die verkürzte Version eines jüdischen Gebets ist. „Wenn ihr nicht vergebt, dann wird euer Vater auch euch nicht vergeben." Sie stoppen den Fluss. Das ist ziemlich eindeutig und viele wissen es – aber handeln sie auch dementsprechend?

Es gibt jedoch noch eine zweite Möglichkeit, wie sich ein Hindernis für mein Beten aufbauen kann, dadurch dass ich mit anderen nicht im Reinen bin. Wenn andere Ihnen nicht vergeben können, dann kann das für Ihr Gebet ebenfalls ein Hindernis sein. Ich wusste schon immer, dass eine Blockade entsteht, wenn ich anderen nicht vergebe, aber ich dachte früher, das sei alles, was ich tun müsste, und die einzige Verantwortung, die bei mir läge. Ich war ehrlich dieser Meinung. Ich richtete mich nach Römer 12 – Wenn möglich, soviel an euch ist, lebt mit allen Menschen in Frieden. Ich dachte, ich müsse einfach dafür sorgen, dass ich gegen niemanden etwas hatte. Doch dann las ich Matthäus 5, wo es heißt: Wenn du nun deine Gabe darbringst zu dem Altar und dich dort erinnerst, dass dein Bruder etwas gegen dich hat … und nicht: Wenn du dich erinnerst, dass du etwas gegen deinen Bruder hast, dann befasse dich zuerst damit. Erkennen Sie, dass die Einstellung eines anderen Ihnen gegenüber, eine Blockade sein kann, ob Sie nun unschuldig oder schuld daran sind, ob Sie jemanden unbewusst oder bewusst verletzt haben? Es kann also sein, dass Sie sich damit auseinandersetzen müssen. Aber was, wenn die andere Person trotz Ihrer ehrlichen Bemühungen, eine friedvolle Beziehung wiederherzustellen dabeibleibt, Ihnen nicht zu vergeben, oder Ihr Versöhnungsangebot ablehnt? Wenn Sie von Ihrer Seite her alles getan haben, was Sie konnten, dann wird Gott Ihnen helfen, Sie wiederherstellen und die Blockade beseitigen, denn von Ihnen wird nur verlangt, das zu tun, was an Ihnen liegt. Seine Bereitschaft, einer Person zu vergeben und sie wiederherzustellen, die von Herzen umkehrt, ist unermesslich größer und weitaus mächtiger als die Fähigkeit anderer, Ihr Gebetsleben zu behindern.

Das dritte Problem, das am irdischen Ende der Kommunikation auftreten kann, ist, dass ich mit mir selbst nicht im Reinen bin. Das ist das außergewöhnlichste Hindernis, aber der Herr hat mir wiederum ganz deutlich eine einfache Wahrheit gezeigt: Wenn ich auf die Knie gehe, verändert mich das nicht. Was meine ich damit? Ich habe erkannt, dass die meisten Schwierigkeiten, die Menschen in ihrem Gebetsleben haben, auch Probleme sind, die sie zu anderen Zeiten haben. Darum gilt das auch für ihr Gebetsleben, obwohl es eigentlich keine geistlichen Probleme sind, sondern ganz allgemeine. Ich möchte das gerne erläutern. Wenn ich beim Aufstehen schon körperlich erschöpft bin, dann wird sich das auch auf meine Gebete auswirken, wenn ich mich hinknie. Es gab einmal eine Zeit in meinem Leben, da war ich etwa eine Woche lang körperlich so schwach, dass ich meine Frau bitten musste, morgens meine Gebete für mich zu sprechen, weil ich einfach zu schwach war. Das betraf nicht nur alltägliche Dinge, sondern schlug sich auf mein Gebetsleben nieder und ich konnte nicht einmal für mich selbst beten. Ich bin ihr so dankbar, dass sie an meiner Stelle betete und mir aus der Bibel vorlas. Man kann so etwas nicht plötzlich ändern, indem man auf die Knie geht.

Oder ein anderer Aspekt. Wenn ich in meinem Leben meinen Verstand nie auf etwas konzentriere, sondern mich nur unterhalten lasse und nie versuche, mich weiterzubilden, wenn ich die Schlagzeilen nur überfliege, viel fernsehe und nie etwas in der Tiefe zu einem Thema lese, wie kann ich dann erwarten, dass es plötzlich mit dem Bibellesen klappt, wenn ich mich zu meiner Stillen Zeit hinsetze? Ich kann mich nicht plötzlich von einem Mann, dessen Verstand ständig Zerstreuung sucht und dessen Gedanken von einem Unterhaltungsangebot zum nächsten tingeln, in einen Mann verwandeln, der sich im Gebet konzentrieren kann.

Noch ein Beispiel: Wenn ich emotional frustriert bin über mein restliches Leben, dann kann ich auch beim Beten nicht emotional ausgeglichen sein. Es trifft oft zu, dass manche Singles beispielsweise emotional frustriert sind, weil sie nicht verheiratet sind, und sich das auf ihr Gebetsleben niederschlägt. Sie stellen fest, dass es ihnen nicht leichtfällt, Gott zu lieben, weil die Quelle ihrer Zuneigung durch Frustration verstopft ist. Nur wenn sie sich auf ihren Singlestatus einlassen und ihn als Gabe von Gott annehmen und auch in diesem Status von Herzen leben können, dann werden sie auch von Herzen beten können.

Wenn wir also Probleme im Gebet haben, sollten wir uns vielleicht fragen: Sind das allgemeine Probleme, die mit meinem alltäglichen Leben zu tun haben? Finde ich es schwierig, mich auf eine Sache zu konzentrieren, von meiner Bibel ganz zu schweigen? Hängen meine Schwierigkeiten beim Beten mit dem zusammen, wer ich außerhalb meines Gebets bin? Wenn ich das bewältige, dann kann ich auch beten. Mit anderen Worten wird mein Lebensstil also Auswirkungen auf mein Gebet haben. Wenn ich mich kulturell anregen lasse und körperlich entspannt bin, wenn ich mich mental auch auf andere Bereiche konzentrieren kann und emotional ausgeglichen bin, dann kann ich auch mein Gebetsleben als ausgeglichene, mitfühlende Person führen.

Aber es wirkt sich auch anders herum aus – Gebet beeinflusst mein restliches Leben. Wenn mein Gebetsleben luftdicht verpackt bleibt, abgetrennt von meinem restlichen Leben, und ich nicht für mein restliches Leben bete, dann fehlt etwas. Aber wenn wir diese Probleme als Alltagsprobleme und nicht einfach nur als geistliche Probleme identifiziert haben, dann können wir für sie beten.

Schweifen Ihre Gedanken ständig ab? Das Beste, was man gegen abschweifende Gedanken tun kann, ist sie zu jagen und wieder einzufangen. Denken Sie an eine Hausfrau, die versucht, nach dem Frühstück eine Stille Zeit zu halten, nachdem ihr Mann zur Arbeit gegangen ist. Die ganze Wäsche wartet darauf, gewaschen zu werden und sie muss ständig daran denken, ob sich der Fleck wohl entfernen lässt – und warum die Kinder immer so viele Oberteile schmutzig machen. Dann stürmen andere Gedanken auf sie ein. Jetzt versucht sie, diese Gedanken zu bekämpfen und sie auszugrenzen. Es ist, als würde man sich mitten in der Predigt plötzlich fragen, ob man den Herd angelassen hat. Es passiert so leicht. Unsere Gedanken schweifen ab, weil wir uns mitten im Leben befinden. Und diese Gedanken zeigen uns, was uns wirklich beschäftigt. Also jagen Sie hinter ihnen her, fangen Sie sie ein und beten Sie, indem Sie sagen: „Okay, Herr, dann bete ich jetzt eben für die Wäsche. Statt mich schuldig zu fühlen, dass ich immer ans Wäschewaschen denken muss, möchte ich jetzt fürs Waschen beten und für diesen Fleck!" Auf diese Weise beginnt ihr Gebet Einfluss auf Ihr Leben zu nehmen, und dann kann auch Ihr Leben Ihre Gebete beeinflussen. Das bedeutet, mit sich selbst ins Reine zu kommen. Gott nahm Sie so an, wie Sie waren, als er Sie gerecht machte, können Sie dann nicht auch sich selbst annehmen wie Sie sind und Ihren Alltag mit Ihrem Gebet in Einklang bringen? Das meine ich, wenn ich sage, dass wir mit uns selbst ins Reine kommen sollen.

Nun komme ich zu den beiden Hindernissen, die von der himmlischen Seite herkommen und unsere Kommunikation zusammenbrechen lassen können. Vielleicht bin ich mit Gott im Reinen, ebenso mit anderen und mit mir selbst, und doch finde ich es schwierig, durchzudringen. Welche anderen Gründe kann es dafür geben?

Viertens – und das spielt sich im Himmel ab – bekämpft Satan Sie. Merken Sie, dass ich ihn erst jetzt ins Spiel bringe, an vierter Stelle? Wir machen es uns zu leicht, wenn wir ihm für die ersten drei Hindernisse die Schuld zuschieben, denn er ist für Vieles, was wir ihm unterstellen, gar nicht verantwortlich. Vieles von dem, was unser geistliches Leben aufhält, stammt nicht vom Teufel, sondern hängt damit zusammen, dass wir mit Gott, mit anderen oder mit uns selbst nicht im Reinen sind.

Aber nachdem wir jetzt ausführlich auf diese drei Bereiche

eingegangen sind – übrigens sollten Sie sich nicht endlos damit beschäftigen, welches der drei Hindernisse gerade eine Rolle spielt – fordern Sie Gott heraus. Sagen Sie ihm: „Gott, ich fordere dich heraus. Wenn es sich bei meinen Blockaden nur um einen dieser drei Bereiche handelt, dann zeig es mir. Es liegt an dir, es mir klar und deutlich zu sagen. Wenn du mir nicht eindeutig etwas zeigst, dann gehe ich weiter zu einer der anderen Blockaden, also fordere ich dich hiermit heraus, es mir jetzt zu offenbaren." Gott beantwortet liebend gerne solche hartnäckigen, furchtlosen Gebete. Also fühlen Sie sich nicht ständig selbst den Puls! Wenn Sie gebetet haben: „Gott, ich möchte mich mit diesen drei Bereichen befassen und bitte dich, mich zu stoppen, wenn ich mit dir oder anderen oder gar mit mir selbst nicht im Reinen bin", und er Sie dann nicht stoppt, dann gehen Sie weiter zu diesem vierten Bereich und fragen Sie ihn: „Versucht Satan, mich zu entmutigen?" Satan zittert, wenn er den schwächsten Heiligen auf seinen Knien sieht und versucht vielleicht absichtlich, Sie beim Beten zu entmutigen. Wissen Sie, dass er ganze Legionen von bösen Engeln befehligt? Wir nennen sie Dämonen, aber das ist ein irreführendes Wort. Sind es kleine schwarze Kobolde, die in der Gegend herumlaufen? Nein, es sind intelligente, übernatürliche Wesen, böse Engel, die sich dem Gebet in den Weg stellen. Wissen Sie auch, dass sie hoch organisiert arbeiten? Wissen Sie, dass der Teufel ein „Auswärtiges Amt" hat und dass jeder Nation einer seiner Engel zugeordnet ist? Die Bibel spricht deutlich darüber. Darum hat der Teufel auch einen Botschafter für Deutschland, einen Engel, dessen Aufgabe es ist, dieses Land zu zerrütten.

Wenn Sie im Buch Daniel lesen, werden Sie das feststellen. Und Sie werden auch herausfinden, dass zwei Engel miteinander wegen Daniels Gebeten in einen Kampf gerieten – einer davon war Gottes Engel und einer Satans – und Daniels Gebet wurde einige Zeit nicht erhört, bis der gute Engel den bösen besiegt hatte und die Antwort sich Bahn machte. Ihr Gebet dringt vielleicht nicht durch, weil der Kampf in der Himmelswelt die

Kommunikationslinie stört. Im Kampf werden Dinge durchtrennt und dieser geistliche Kampf in der Himmelswelt findet die ganze Zeit statt. Ihr Gebet schafft es vielleicht nicht, die Frontlinie zu durchdringen.

Erst wenn der Kampf gewonnen ist, kann Ihr Gebet durchdringen und beantwortet werden. Wie sollen Sie damit umgehen? Beten Sie dafür, und wenn Sie merken, dass Satan die Kommunikation behindert, dann beten Sie im Namen Jesu gegen Satan. Widerstehen Sie ihm und er wird fliehen. Setzen Sie das Blut Jesu ein, setzen Sie den Namen Jesus ein, gebrauchen Sie jede Waffe der Waffenrüstung Gottes, aber bekämpfen Sie Satan, leisten Sie Widerstand. Wir wissen, dass Hiob seine Probleme bekam, weil Satan sie verursachte. Das ist also die vierte mögliche Barriere, die dafür sorgt, dass Ihre Gebete nicht erhört werden oder unbeantwortet bleiben. Sie kommen sich so vor, als hätten Sie einen Brief abgeschickt, der einfach nicht beantwortet wird.

Das letzte mögliche Hindernis besteht darin, dass Gott vielleicht absichtlich nicht antwortet. Eigentlich ist es fairer zu sagen, dass, wenn es Satan ist, es Satan und Gott ist, denn Satan kann nur etwas tun, wenn Gott es ihm erlaubt – auch das kommt aus dem Buch Hiob. Warum will Gott Ihnen vielleicht nicht antworten? Hier komme ich zu einer sehr positiven und sehr tiefen Wahrheit und ich weiß nicht, ob Sie bereit sind, sie anzunehmen. Warum antwortet Gott nicht, wenn ich mit ihm, anderen und mir selbst im Reinen bin und Satan widerstehe? Soll ich es Ihnen sagen? Weil er will, dass Sie in der Schule des Gebets eine Klassenstufe vorrücken. Das ist zum Abschluss etwas sehr Positives, denn er sagt damit: „Ich will, dass du lernst, ich will, dass du dich noch ein bisschen mehr bemühst." Haben Sie schon beobachtet, wenn Eltern ihren Kindern das Laufen beibringen? Zunächst bleiben die Eltern sehr nah bei ihrem Kind, dann gehen sie ein Stückchen weiter weg. Warum? Weil die Eltern wollen, dass das Kind noch ein bisschen weiter geht. Manchmal glaube ich, dass Gott sich ein wenig von seinen Heiligen entfernt und sie anspornt: „Versuche es noch ein bisschen mehr, ich will, dass du wächst, ich will, dass du reifer wirst. Bitte mich noch ein wenig mehr. Ich halte noch zurück, weil ich will, dass du in der Gebetsschule weiterkommst und ein starker Beter wirst." Die Heiligen werden Ihnen sagen, dass am Ende der Wüste ein verheißenes Land liegt, in dem Milch und Honig fließen.

Ich glaube, dass es Zeiten gibt, in denen Gott sagt: „Jetzt habe ich dich gesegnet, jetzt werde ich für eine gewisse Zeit nicht antworten, denn ich will, dass du mich um meinetwillen liebst, und ich will, dass du mich suchst, ob du nun spürst, dass ich da bin oder nicht. Ich will, dass du lernst."

Das ist allerdings eine harte und tiefgreifende Lektion. Es ist fast wie der Übergang von der Grundschule zur weiterführenden Schule. In den ersten Tagen haben Sie sich in der neuen Schule auch noch nicht wohl gefühlt, oder? Ihre Wurzeln wurden ausgerissen, Ihre Freunde waren weg, Sie haben sich fremd gefühlt und allein. Aber Sie mussten die Schule wechseln, wenn Sie weiter lernen und wachsen wollten. Auch Gott will, dass Sie von der Grundschule des Gebets in die weiterführende Schule wechseln, denn er will, dass Sie lernen, ihn mehr zu suchen. Das ist also der fünfte Grund, und wenn Sie sich mit den ersten vier Hindernissen auseinandergesetzt haben, dann können Sie beten: „Herr, mit deiner Hilfe werde ich weiter durchs Dunkel gehen, durch Trockenheit und durch Taubheit, weil ich weiß, dass du mich etwas sehr Wertvolles lehrst."

Wir haben über Hindernisse nachgedacht, enden aber mit etwas Erfreulicherem: zwei einfache Gedanken, die Sie fest in Ihr Denken einbauen sollten, wenn Sie die „Gebetsschule" „bestehen" wollen.

Erstens: **Sie können erfolgreich beten.** Viele Menschen versagen, weil sie nicht glauben, dass sie es schaffen. Pflanzen Sie diesen Gedanken also tief in Ihr Denken ein: Gott der Heilige Geist will Ihnen dabei helfen, erfolgreich zu beten. Fangen Sie also mit diesem Gedanken an: Ich *kann* erfolgreich sein, ich brauche nicht zu versagen, ich kann es schaffen, erfolgreich zu beten. Der zweite Gedanke lautet: **Ich werde es schaffen.** Ich kann es nicht nur, sondern ich werde es. Ich bin fest entschlossen. Der Heilige Geist wird das Beten nicht für Sie erledigen. Auch wenn Sie in Sprachen reden, werden Sie sprechen, Sie müssen Ihre Lippen bewegen – er tut es nicht für Sie. Diejenigen, denen er diese Gabe gegeben hat, werden das rasch herausfinden. Die Bibel sagt, dass der Heilige Geist *unserer Schwachheit hilft*. Er wird Ihnen dabei helfen, es zu tun, aber er wird es nicht für Sie tun. Mit einem so genialen Helfer wie dem Heiligen Geist können Sie es schaffen, vorausgesetzt Sie sagen auch: „Ich werde es schaffen."

Ich danke Gott, dass wir eines Tages in seiner Herrlichkeit keine Hilfe mehr brauchen werden, aber jetzt brauchen wir sie noch. Gehen Sie nicht so an die Sache heran, dass Sie gleich sagen: „Ich weiß, ich werde versagen. Ich habe früher schon so oft versagt." Sagen Sie stattdessen: „Ich vergesse, was dahinten ist, strecke mich aber aus nach dem, was vorn ist, und jage auf das Ziel zu, hin zu dem Kampfpreis der Berufung Gottes nach oben in Christus Jesus. Ich werde in dieser Sache ein Sportler sein und werde an die Spitze kommen und dortbleiben." Sie werden merken, dass der Heilige Geist Ihnen auf dem ganzen Weg behilflich sein wird. Er ist der beste Trainer der Welt.

www.ingramcontent.com/pod-product-compliance
Lightning Source LLC
Chambersburg PA
CBHW052131110526
44591CB00012B/1676